中1英語をおさらいして話せるようになる本

高橋基治

文法理解で終わる人
文法生かして話す人

おそらく皆さんお気づきでしょうが、英文法が「わかる」だけでは、残念ながら英語を話せるようにはなりません。**「わかる」を「できる」に変える**必要があります。多くの学習者は、「わかる」で満足してしまい、スピーキング力に欠かせない話す練習が十分にできていないのではないでしょうか。

第2言語習得論でわかった
大人のための英語学習法

外国語習得における文法の重要さは、多くの研究を通じて明らかにされています。母語が確立した大人が外国語を学習する場合、**文法の「型」があれば、語彙や表現を入れ替えて、すでに持っている知識を何倍にもできる**からです。

しかし、せっかくその「型」を理解しても、声に出す練習をしないと、使える形で定着はしません。**言いたいことが瞬時に口に出てくるようになる（自動化と言います）まで、繰り返し英文を声に出して記憶に定着させる活動**が不可欠です。この繰り返しこそが「わかる」を「できる」に変える方法であり、外国語習得の王道なのです。

文法をおさらいしたら、即、使える形で頭に定着させる

そこで本書では、忘れていたり、うろ覚えだったりする文法や語彙をもう一度おさらいし、理解・確認したら即、その文法を含む**英文を反射的に口に出すクイックレスポンス練習**を用意しました。「文法」という「型」にいろいろな単語や表現をはめ込んで、その文法を使いこなせるようにする練習です。

文法を「わかる」だけでは終わらせず、どんどん「話せる」を実現させるため、**「英文法」と「英会話」のトレーニングを1冊に合体**したわけです。

トレーニング用には、**大人の皆さんが実際に使う、身につけて使ってほしい英文**をそろえました。

英語の素振りこそ「できる」への道

英語が話せるとは、これを言いたいと思ったときに、ふさわしい表現が思いつき、瞬時に口から出てくる状態のことを言います。それには、反射的に、自然に発話できるようになるまで練習を何度も何度も繰り返すことがどうしても欠かせません。つまり、テニスや野球などのスポーツに必要な「素振り」をどれだけしたかにかかってきます。**その素振りが効果的・効率的にできるように設計されたのが本書です。**ぜひ本書を使って、言いたいことが言えるようになった自分の姿を想像しながら、楽しく英語の素振りをしてみませんか？

高橋基治（東洋英和女学院大学教授）

目次

はじめに 002
本書の使い方 006
本書の学習音声の入手方法 009

今さら聞けない!? 基本のき
❶英語と日本語のいちばんの違い　❷品詞とは？ 010
01 be動詞の基本 012
02 be動詞の役割 ①状態 016
03 be動詞の役割 ②特徴 020
04 be動詞の役割 ③存在 024
05 be動詞の否定文 028
06 be動詞の疑問文と答え 032
シャッフル・クイックレスポンス① 036
07 一般動詞の基本 038
08 3単現の「s」 042
09 一般動詞の否定文 046
10 一般動詞の疑問文と答え 050
11 代名詞 054
12 形容詞 058
13 副詞 062
14 前置詞 066
シャッフル・クイックレスポンス② 070
15 「～できる」のcan 074
16 「～してもいい」のcan 078
17 疑問詞 What 082
18 疑問詞 Which 086
19 疑問詞 Who 090
20 疑問詞 When 094

21 疑問詞 Where 098
22 疑問詞 How 102
シャッフル・クイックレスポンス③ 106
23 名詞と複数形 108
今さら聞けない!? 基本のき
❸数えられる名詞と数えられない名詞
❹なぜ冠詞a (an)、theが必要なのか? 112
24 someとany 114
25 命令文 118
26 Don't とLet's 122
27 現在進行形の基本 126
28 現在進行形の否定文・疑問文 130
29 進行形の便利な使い方 134
シャッフル・クイックレスポンス④ 138
30 be動詞の過去形 142
31 一般動詞の過去形 146
32 一般動詞の過去形の否定文 150
33 一般動詞の過去形の疑問文 154
34 疑問詞を使った過去形の疑問文 158
シャッフル・クイックレスポンス⑤ 162

コラム01 前置詞は物事のとらえ方で決まる......... 072
コラム02 「～しています」は現在形? 現在進行形?... 140

巻末付録
①不規則な変化をする動詞一覧 164
②数の読み方 168
③曜日・月・時刻 169
④不可算名詞の数え方 170
⑤これだけ! あいさつとあいづち表現 ...171

本書の使い方

本書は、❶文法のおさらい ➡ ❷理解度チェック ➡ ❸クイックレスポンスの3つのパートを中心に構成されています。

❶ 文法のおさらい

英会話に欠かせない文法をもう一度一から復習して理解します。

❷ 理解度チェック

①で復習した文法が理解できているかを、問題を解いて確認します。答えは付属の赤シートで隠せます。

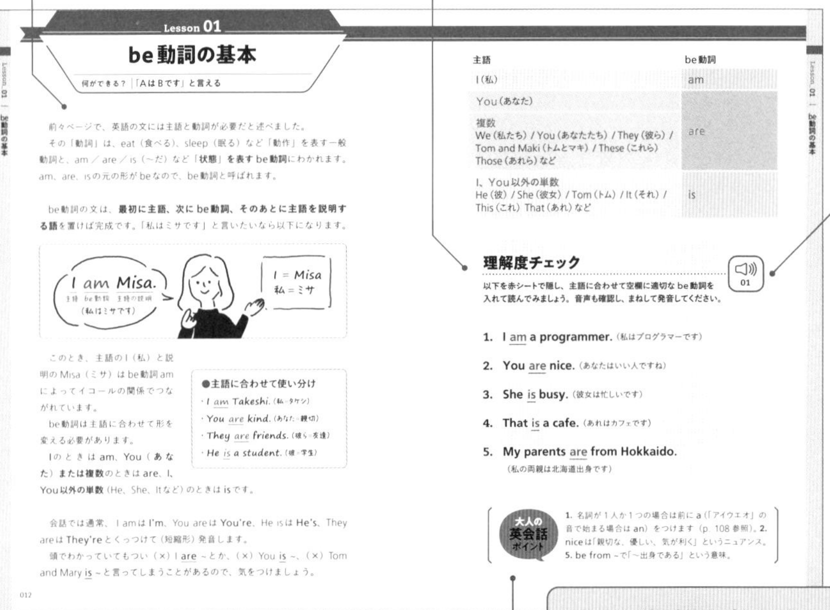

Lesson 01

be動詞の基本

何ができる？「AはBです」と言える

前々ページで、英語の文には主語と動詞が必要だと述べました。

その「動詞」は、eat（食べる）、sleep（眠る）など「動作」を表す一般動詞と、am ／ are ／ is（～だ）など「状態」を表すbe動詞にわかれます。am、are、isの元の形がbeなので、be動詞と呼ばれます。

be動詞の文は、**最初に主語、次にbe動詞、そのあとに主語を説明する語**を置けば完成です。「私はミサです」と言いたいなら以下になります。

このとき、主語のI（私）と説明のMisa（ミサ）はbe動詞amによってイコールの関係でつながれています。

be動詞は主語に合わせて形を変える必要があります。

Iのときはam、You（あなた）または複数のときはare、I、You以外の単数（He、She、Itなど）のときはisです。

●主語に合わせて使い分け
- I am Takeshi.（私＝タケシ）
- You are kind.（あなた＝親切）
- They are friends.（彼ら＝友達）
- He is a student.（彼＝学生）

会話では通常、I amはI'm、You areはYou're、He isはHe's、They areはThey'reとくっつけて（短縮形）発音します。

頭でわかっていてもつい（×）I are ～とか、（×）You is ～、（×）Tom and Mary is ～と言ってしまうことがあるので、気をつけましょう。

012

主語	be動詞
I（私）	am
You（あなた）	are
複数 We（私たち）/ You（あなたたち）/ They（彼ら）/ Tom and Maki（トムとマキ）/ These（これら） Those（あれら）など	are
I、You以外の単数 He（彼）/ She（彼女）/ Tom（トム）/ It（それ）/ This（これ）That（あれ）など	is

理解度チェック 01

以下を赤シートで隠し、主語に合わせて空欄に適切なbe動詞を入れて読んでみましょう。音声も確認し、まねして発音してください。

1. I am a programmer.（私はプログラマーです）
2. You are nice.（あなたはいい人ですね）
3. She is busy.（彼女は忙しいです）
4. That is a cafe.（あれはカフェです）
5. My parents are from Hokkaido.（私の両親は北海道出身です）

大人の英会話ポイント

1. 名詞が1人か1つの場合は前にa（「アイウエオ」の音で始まる場合はan）をつけます（p. 108参照）。2. niceは「親切な、優しい、気が利く」というニュアンス。5. be from ～で「～出身である」という意味。

大人の英会話ポイント

表現の使い方やニュアンス、使用上の注意です。

今さら聞けない!? 基本のき

冠詞や可算・不可算の違いなど、しっかり教わらなかったのであいまいになっている、でもとても大切な基本文法を、こっそり教えます。

音声マーク

番号の音声ファイルを呼び出して学習に使ってください。

③ クイックレスポンス

詳しい方法は次ページ

理解した文法を含む英文を頭に定着させ、会話で使えるようにする練習です。左側の日本語を見て、すぐに英語にしてみましょう。最初はうまくできなくても構いません。スムーズにできるまで繰り返しましょう。

さあ、クイックレスポンス！ 02

1回目 / 2回目 / 3回目 /

Lesson_01 | be動詞の基本

以下の日本語を素早く英語にしてください。手順は 8 ページを参照。

※I、You、We、She、Theyは短縮形を使いましょう。
※日本語はヒントになるよう、若干不自然な場合があります。

1. 私はサトウケンタです。
2. 私たちは忙しいです。
3. あなたは親切です。
4. 彼女は会社員です。（an office worker）
5. ニールとロンはカナダ出身です。（Canada）
6. このケーキはおいしいです。（good）
7. あの女の子たちは高校生です。（Those girls）
8. あなたはラッキーです。
9. 彼らは親しい友人です。（close friends）
10. ユミ、こちらはポールです。（This is ~）

1. I'm Kenta Sato.
2. We're busy.
3. You're kind.
4. She's an office worker.（シーザン　発音のヒントです）
5. Neil and Ron are from Canada.
6. This cake is good.
7. Those girls are high school students.（スクール）
8. You're lucky.
9. They're close friends.（クロウス）
10. Yumi, this is Paul.

大人の英会話ポイント

4. officeが母音「アイウエオ」で始まるのでanにします（詳細はp. 108）。**6.** this ~で「この~」と言うことができます。goodは「おいしい」の意味でも頻出。**7.** thoseは形容詞that（あの）の複数形。**7.&9.** 主語が複数なのでstudents、friendsも複数形にします。**10.** 誰かを相手に紹介するときは、This is ~（こちらは~<名前>です）が便利です。This isには短縮形がないので注意。

014　015

語彙のヒント

クイックレスポンスで引っかかりそうな語彙に英語のヒントをつけました。

シャッフル・クイックレスポンス

いくつかのレッスンごとに、それまでに登場した表現をランダムに選んでクイックレスポンス練習ができるページを設けました。表現が定着しているかをここで確認してみましょう。

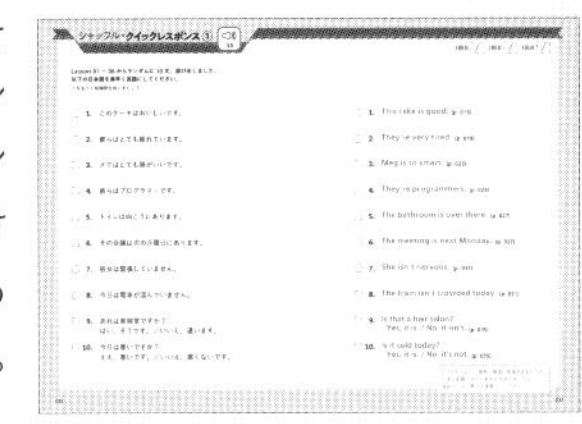

ほかにも、
不規則動詞の一覧などの巻末付録やコラムがあります。

本書の使い方

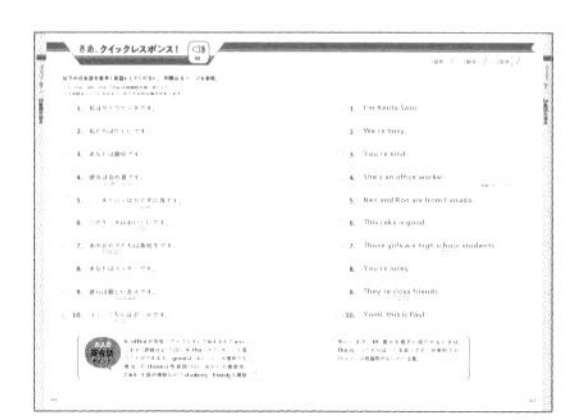

クイックレスポンスの手順

音声は次の順で収録されています。
日本語 ➡ ポーズ ➡ 英語(ナチュラル) ➡ 英語(スロー) ➡ 英語(ナチュラル)

ステップ① 瞬時に日英変換

左ページの日本語を素早く英語にしてみましょう。話し相手がいるつもりで言うと効果的です。語彙のヒントを参照して構いません。言えない場合は右ページの答えを見ましょう。

ステップ② 英文の確認

①がうまくできてもできなくても英文を確認し、うまく言えなかった文や間違いを確認してください。

ステップ③ 音声を参考に声に出す

音声を聞いてから、英文を何度も実際に声に出してみましょう。最初は英文を見ながら、慣れてきたら英文を見ないで言えるか挑戦してください。

スロースピードの音声で個々の単語の発音を確認し、ナチュラルスピードの音声で音の強弱や音の変化（連結・脱落・同化）に注目して、できるだけ耳に聞こえた通りそっくりまねてください。

音声だけでも練習できます。その場合はポーズのところで英語が言えるか試してみましょう。

ステップ④ ①～③のサイクル学習

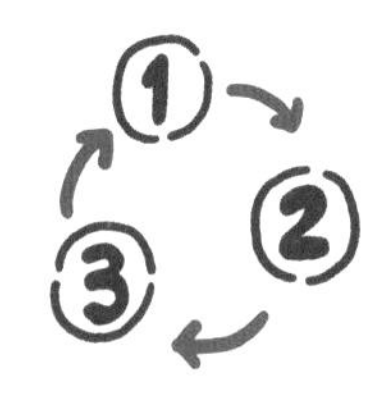

後日、すべての英文が1秒以内にスムーズに言えるか確認してください。

忘れていても構いません（それが普通です！）。思い出す行為があなたの記憶を強くするので、繰り返し挑戦してください。

【無料】本書の学習音声の入手方法

スマートフォンの場合

英語学習アプリ booco【無料】

【手順】

❶英語学習 boocoのダウンロード

スマホに、アルクが無料提供しているアプリ
英語学習 booco をダウンロード。
※ App Store、Google Play から「booco」で検索

booco 説明
サイトへ

❷本書を探す

booco のホーム画面下の「探す」ページで、書籍名、
商品コード 7021060、著者名で検索。

❸本書の音声をダウンロード

パソコンの場合

以下のサイトで本書の商品コード
7021060 で検索してください。

アルクのダウンロードセンター
https://www.alc.co.jp/dl/

今さら聞けない!? 基本のき

❶ 英語と日本語のいちばんの違い

「私はゴルフをします」は？ I golf play. ではありません。「私は忙しいです」は？ I busy. ではありませんね。日本語の語順でそのまま単語を並べても正しい英語にはなりません。

●私はゴルフをします。

I play golf.

I	play	golf.
私	する	ゴルフ
【誰が?】	【どうする?】	【何を?】

●私は蕎麦が好きです。

I like soba noodles.

I	like	soba noodles.
私	好き	蕎麦
【誰が?】	【どうだ?】	【何を?】

●私は忙しいです。

I am busy.

I	am	busy.
私	=	忙しい
【誰が?】	【イコール】	【どんな（状態）?】

英語は**「誰が？」→私が、「どうする？」→（プレイ）する、「何を？」→ゴルフをという順番**です。つまり「誰がどうする」を先に言うのです。

「誰が」は**文の主役なので「主語」**と言います。「どうする」は**動作を表す詞なので「動詞」**と言います。英語は基本、**「主語」→「動詞」で文を始める**のです。主語と動詞は文のいちばん大事な骨格です。話すときも聞くときも常に、主語は誰？　動詞は何？　と頭の中で自問することをお勧めします。

❷ 品詞とは？

「品詞」と聞くと苦手意識がムクムクとわいてくる人もいるかもしれませんが、実はシンプル。**品詞は英語の文を作る部品**です。

各部品（品詞）には、文の中でのそれぞれの役割があります。先ほどの「動詞」は、文に登場する主役（主語）の「動き」を表すのでしたね。以下に品詞の中でも特に重要な６つに絞って役割を確認しましょう。

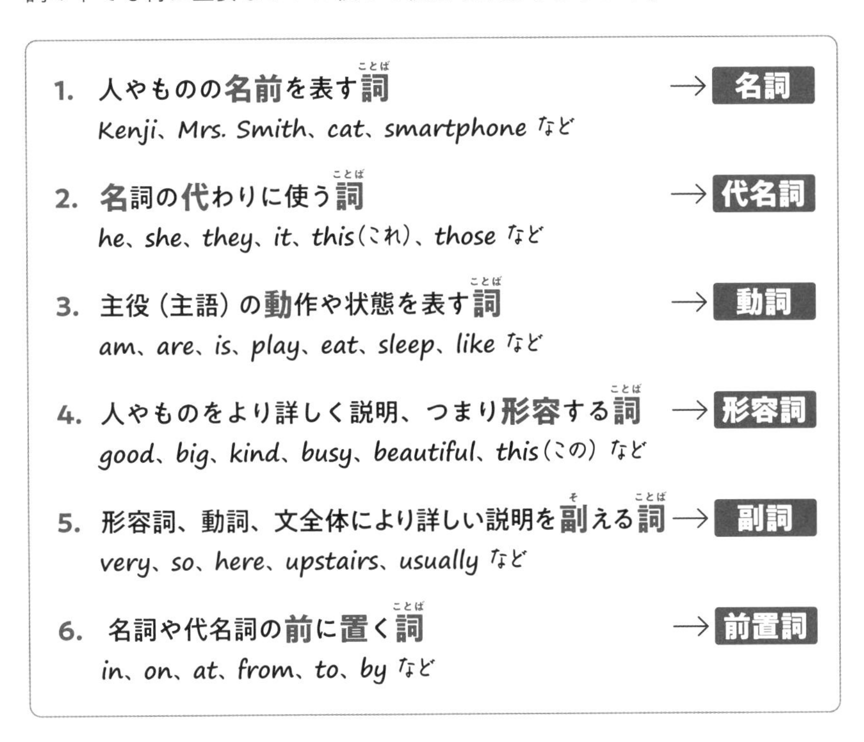

1. 人やものの名前を表す詞（ことば） → 名詞
Kenji、Mrs. Smith、cat、smartphone など
2. 名詞の代わりに使う詞（ことば） → 代名詞
he、she、they、it、this（これ）、those など
3. 主役（主語）の動作や状態を表す詞（ことば） → 動詞
am、are、is、play、eat、sleep、like など
4. 人やものをより詳しく説明、つまり形容する詞（ことば） → 形容詞
good、big、kind、busy、beautiful、this（この） など
5. 形容詞、動詞、文全体により詳しい説明を副（そ）える詞（ことば） → 副詞
very、so、here、upstairs、usually など
6. 名詞や代名詞の前に置く詞（ことば） → 前置詞
in、on、at、from、to、by など

例えば、「スミスさんは彼女のオフィスではたいてい忙しいです」なら、

Mrs. Smith	is	usually	busy	at	her	office.
名詞	動詞	副詞	形容詞	前置詞	代名詞	名詞

と品詞が並びます。詳しい役割や使い方は、このあと順次取り上げていきますので、お楽しみに！

Lesson 01

be動詞の基本

何ができる？ ｜「AはBです」と言える

前々ページで、英語の文には主語と動詞が必要だと述べました。

その「動詞」は、eat（食べる）、sleep（眠る）など「動作」を表す一般動詞と、am ／ are ／ is（～だ）など**「状態」を表すbe動詞**にわかれます。am、are、isの元の形がbeなので、be動詞と呼ばれます。

be動詞の文は、**最初に主語、次にbe動詞、そのあとに主語を説明する語**を置けば完成です。「私はミサです」と言いたいなら以下になります。

このとき、主語のI（私）と説明のMisa（ミサ）はbe動詞amによってイコールの関係でつながれています。

be動詞は主語に合わせて形を変える必要があります。

Iのときは**am**、**You（あなた）または複数**のときは**are**、**I、You以外の単数**（He、She、Itなど）のときは**is**です。

●主語に合わせて使い分け

- I am Takeshi.（私＝タケシ）
- You are kind.（あなた＝親切）
- They are friends.（彼ら＝友達）
- He is a student.（彼＝学生）

会話では通常、I amは**I'm**、You areは**You're**、He isは**He's**、They areは**They're**とくっつけて（短縮形）発音します。

頭でわかっていてもつい（×）I are ～とか、（×）You is ～、（×）Tom and Mary is ～と言ってしまうことがあるので、気をつけましょう。

主語	be動詞
I（私）	am
You（あなた）	are
複数 We（私たち）/ You（あなたたち）/ They（彼ら）/ Tom and Maki（トムとマキ）/ These（これら） Those（あれら）など	
I、You以外の単数 He（彼）/ She（彼女）/ Tom（トム）/ It（それ）/ This（これ） That（あれ）など	is

理解度チェック

以下を赤シートで隠し、主語に合わせて空欄に適切なbe動詞を入れて読んでみましょう。音声も確認し、まねして発音してください。

1. **I am a programmer.**（私はプログラマーです）
2. **You are nice.**（あなたはいい人ですね）
3. **She is busy.**（彼女は忙しいです）
4. **That is a cafe.**（あれはカフェです）
5. **My parents are from Hokkaido.**
   （私の両親は北海道出身です）

1. 名詞が1人か1つの場合は前にa（「アイウエオ」の音で始まる場合はan）をつけます（p. 108参照）。**2.** niceは「親切な、優しい、気が利く」というニュアンス。**5.** be from ~で「~出身である」という意味。

さあ、クイックレスポンス！

以下の日本語を素早く英語にしてください。手順は8ページを参照。

※I、You、We、She、Theyは短縮形を使いましょう。

※日本語はヒントになるよう、若干不自然な場合があります。

- [ ] **1.** 私はサトウケンタです。
- [ ] **2.** 私たちは忙しいです。
- [ ] **3.** あなたは親切です。
- [ ] **4.** 彼女は会社員です。（会社員：an office worker）
- [ ] **5.** ニールとロンはカナダ出身です。（カナダ：Canada）
- [ ] **6.** このケーキはおいしいです。（おいしい：good）
- [ ] **7.** あの女の子たちは高校生です。（あの女の子たち：Those girls）
- [ ] **8.** あなたはラッキーです。
- [ ] **9.** 彼らは親しい友人です。（親しい友人：close friends）
- [ ] **10.** ユミ、こちらはポールです。（こちらは：This is ~）

4. officeが母音「アイウエオ」で始まるのでanにします（詳細はp. 108）。**6.** this ~で「この～」と言うことができます。goodは「おいしい」の意味でも頻出。**7.** thoseは形容詞that（あの）の複数形。**7.&9.** 主語が複数なのでstudents、friendsも複数 ↗

1回目 ／ 2回目 ／ 3回目 ／

☐ **1.** I'm Kenta Sato.

☐ **2.** We're busy.

☐ **3.** You're kind.

☐ **4.** She's an office worker.
シーザン（She's an）-------- 発音のヒントです

☐ **5.** Neil and Ron are from Canada.

☐ **6.** This cake is good.

☐ **7.** Those girls are high school students.
スクーォ（school）

☐ **8.** You're lucky.

☐ **9.** They're close friends.
クロウス（close）

☐ **10.** Yumi, this is Paul.

↗ 形にします。**10.** 誰かを相手に紹介するときは、**This is ~**（こちら は～<名前>です）が便利です。This isには短縮形がないので注意。

Lesson 02

be動詞の役割 ①状態

何ができる？ | **何かの「状態」を表せる**

be動詞は英会話でダントツに使用頻度の高い動詞なので、使い方を詳しく見ていきましょう。**be動詞は、①状態、②特徴、③存在**（いる／ある）、の３つを表現することができます。

まずは①「**状態**」を表す使い方から。「お腹が空いている」「忙しい」「怒っている」「幸せだ」など、**誰かの現在の状態を表現**できます。

Iの状態
I am hungry.
私はお腹が空いています。

Iと hungryは be動詞 amでつながれていて、**イコールの関係**にあります。**I = hungry（私＝空腹）**ということを表しているのです。

また、「冷たい」「暑い」「◯時だ」といった、**物の状態や天候、時刻**なども表現できます。

The water is cold.（その水は冷たいです）、It is hot today.（今日は暑いです）、It is 8:30(eight thirty) now.（今、８時半です）など。

なお、日本語では「私、お腹空いた」と言えますが、英語では（×）I hungry. とは言えません。be動詞（この文は am）が絶対に必要です。

理解度チェック

以下を赤シートで隠し、空欄に適切なbe動詞を入れて文を読んでみましょう。音声も確認し、まねして発音してください。

1. 私は眠いです。(眠いという状態)
I am sleepy.

2. あなたは疲れています。(疲れているという状態)
You are tired.

3. 彼は怒っています。(怒っているという状態)
He is mad.

4. 彼らは今、手が空いています。(手が空いているという状態)
They are free now.

5. 今日は涼しいです。(すずしいという状態)
It is cool today.

6. あなたはとてもラッキーです。(ラッキーという状態)
You are very lucky.

「状態」を表すときはbusy、tiredなどの形容詞が活躍します。**3.** madはangryよりも怒りの度合いが強い形容詞です。**4.** nowは「今」という時間を表す副詞(p. 062参照)。**5. 天候や時間、距離を表すときはItを主語にします。**このitに「それ」という意味はなく、漠然とものやことを指します。英語には主語が絶対に必要なので、無色透明で自己主張をしないitが使われるようになりました。coolの発音は「クーォ」。

さあ、クイックレスポンス！ 04

以下の日本語を素早く英語にしてください。

※できるだけ短縮形を使いましょう。

☐ **1.** 彼は忙しいです。

☐ **2.** 彼女は今、幸せです。

☐ **3.** 今日は暑いです。

☐ **4.** 私たちはすごくお腹が空いています。
すごく：so

☐ **5.** 私はすごく悲しいです。
悲しい：sad

☐ **6.** 私はお腹がいっぱいです。
お腹がいっぱい：full

☐ **7.** 彼らはとても疲れています。
とても疲れて：very tired

☐ **8.** ちょうど９時です。
ちょうど９時：just 9 o'clock

☐ **9.** 夕食の準備ができています。
準備ができて：ready

☐ **10.** ＜元気ですか？と聞かれて＞私は元気です。
元気：good

4.&5. so は very よりも主観的でカジュアルな場面、親しい間柄で使います。**7.** very は客観的でややフォーマルな場面向き。**9.** 食事などの準備ができた（ている）ときに言う定番表現。I'm ready. なら「（私は）↗

1回目 ／ 2回目 ／ 3回目 ／

- [ ] **1.** He's busy.
- [ ] **2.** She's happy now.
- [ ] **3.** It's hot today.
  ハットゥデイ
- [ ] **4.** We're so hungry.
- [ ] **5.** I'm so sad.
- [ ] **6.** I'm full.
  フウォ
- [ ] **7.** They're very tired.
- [ ] **8.** It's just 9 o'clock.
- [ ] **9.** Dinner is ready.
- [ ] **10.** I'm good.

↗ 準備ができています」。**10.** How are you (doing)?（元気ですか？）の返事として。I'm fine. でもGood. だけでもOK。できれば続けて、How are you?（youを強調して言う）と返しましょう。

Lesson 03

be動詞の役割 ②特徴

何ができる？ | **何かの「特徴」を表せる**

be動詞は、①状態、②特徴、③存在（いる／ある）、の３つを表現したい時に使えるのでしたね。ここでは、②「**特徴**」を表す使い方を身につけましょう。

「優しい」「素敵だ」「学生だ」「友達だ」「面白い」など、**誰かや何かの特徴（性格・性質）を表現**することができます。また、ステータスや職業も表すことができます。

Youの特徴
You are kind.
あなたは優しい。
Heの特徴
He is a student.
彼は学生です。

この場合も、Youとkind、Heとa studentがそれぞれbe動詞のare、isでイコールの関係でつながれています。You = kind（あなた＝優しい）、He = a student（彼＝学生）ということです。

理解度チェック

ページを赤シートで隠し、空欄に適切な be 動詞を入れて文を読んでみましょう。音声も確認し、まねして発音してください。

1. 私は恥ずかしがり屋です。（恥ずかしがり屋という特徴）
I am shy.

2. 彼らは気さくです。（気さくという特徴）
They are friendly.

3. 上田さんは率直です。（率直という特徴）
Mr. Ueda is frank.

4. この映画はすごくいいです。（いい、面白いという特徴）
This movie is great.

5. 私たちはアルバイトです。（アルバイトという特徴・職業）
We are part-timers.

6. 私の母は猫好きです。（猫好きな人という特徴）
My mother is a cat person.

「特徴」を表すときは、be動詞のあとに形容詞（1 ～ 4）や名詞（5、6）を続けることが多くなります。**3.** frankは「正直、素直、ざっくばらん」という意味です。**4.** greatの代わりにso/really goodと言っても同じ意味です。**6. 名詞**＋personで「～好きな人、～派」。

さあ、クイックレスポンス！ 06

以下の日本語を素早く英語にしてください。
※I、You、He、Theyが主語のときは短縮形を使いましょう。

- [ ] **1.** あなたは恥ずかしがり屋ですね。
- [ ] **2.** 彼は気さくです。
- [ ] **3.** メグはすごく頭がいいです。(頭がいい: smart)
- [ ] **4.** そのゲームは面白いです。(面白い: fun)
- [ ] **5.** このドラマはすごくいいですよ。
- [ ] **6.** 私はサッカーファンです。
- [ ] **7.** 彼らはプログラマーです。(プログラマー: programmer)
- [ ] **8.** 私のおじは率直です。
- [ ] **9.** 私は新人です。（私はここでは新しい、と考えて）
- [ ] **10.** ニックはイケメンです。(イケメン: good-looking)

3. smartは体型のことには使いません。**4.** theの使い方はp. 113参照。funは「楽しい」というニュアンス。この場合interesting(興味深い)は使いません。**5.** greatの代わりにso/really goodと言ってもほぼ同じです。reallyは「本当に」という意味の副詞で、↗

1回目 ／ 2回目 ／ 3回目 ／

- [ ] **1.** You're shy.
- [ ] **2.** He's friendly.
フレン_リー
- [ ] **3.** Meg is so smart.
- [ ] **4.** The game is fun.
- [ ] **5.** This drama is great.
- [ ] **6.** I'm a soccer fan.
アイマ
- [ ] **7.** They're programmers.
- [ ] **8.** My uncle is frank.
- [ ] **9.** I'm new here.
- [ ] **10.** Nick is good-looking.

↗ ややカジュアルで主観的なニュアンス。**9.** Sorry, I'm new here. なら「不慣れなものですみません」という意味で、職場などで使われる表現。hereは「ここで」という意味の副詞（p. 062 参照）。

Lesson 04

be動詞の役割 ③存在

何ができる？ ｜ 何かの「存在」を表せる

be動詞は、①状態、②特徴、③存在（いる／ある）、の3つを表現したいときに使えるのでしたね。ここでは、③「**存在（いる、ある）**」を表す使い方を確認しましょう。

「**人が～（場所）にいる**」「**物が～（場所）にある**」と言いたいときにもbe動詞が使えます。「彼女はパリにいる」「猫がここにいる」「トイレは2階にある」「駅はこの近くにある」などが表現できます。

彼女のいる所
She is in Paris.
彼女はパリにいます。
2F
トイレのある所
The bathroom is upstairs.
トイレは2階にあります。

この場合、be動詞の後ろには、in Parisのように**場所を表す前置詞**（p. 066参照）や、upstairsのような**場所を表す副詞**（p. 062参照）が必要になります。少しずつこれらの語彙を増やしていきましょう。

なお、Lesson 29までは現在のことを表す文法を取り上げます。

理解度チェック

ページを赤シートで隠し、空欄に適切な be 動詞を入れて文を読んでみましょう。音声も確認し、まねして発音してください。

1. 彼は神戸にいます。
He is in Kobe.

2. 彼らは2階にいます。
They are upstairs.

3. あなたのスマホはテーブルの上にあります。
Your smartphone is on the table.

4. 私はスターバックスにいます。
I am at Starbucks.

5. あなたの猫はソファーの下にいます。
Your cat is under the sofa.

6. 本屋は駅の近くにあります。
The bookshop is near the station.

4. 電話かテキストメッセージで自分の居所を伝えている場面。atは地図上の1点を示しているイメージです。

さあ、クイックレスポンス！ 08

以下の日本語を素早く英語にしてください。

※ I、He、They は短縮形を使いましょう。

- [ ] **1.** 私の家族はシンガポールにいます。
- [ ] **2.** 彼はスターバックスにいます。
- [ ] **3.** 郵便局は駅の近くにあります。
- [ ] **4.** トイレは向こうにあります。（向こう：over there）
- [ ] **5.** サラダは冷蔵庫にあります。（冷蔵庫：fridge）
- [ ] **6.** 彼らはバスに乗っています。（バスに乗って：on the bus）
- [ ] **7.** レストランは銀行の隣にあります。（の隣：next to ~）
- [ ] **8.** 駅はここから遠いです。（ここから遠い：a long way from here）
- [ ] **9.** その会議は次の月曜日にあります。（次の月曜日：next Monday）
- [ ] **10.** ただいま。（私は家にいます、と考えて）

1. Singaporeの発音は i を強く言います。**5.** fridge は refrigerator（冷蔵庫）を短くした言い方です。**6.** バス車内の床に接触しているので on を使います。飛行機なども同様。**9.** このように会議やイベントにも ↗

1回目 ／　2回目 ／　3回目 ／

- [ ] **1.** My family is in Singapore.
- [ ] **2.** He's at Starbucks.
- [ ] **3.** The post office is near the station.
- [ ] **4.** The bathroom is over there.
- [ ] **5.** The salad is in the fridge.
- [ ] **6.** They're on the bus.
- [ ] **7.** The restaurant is next to the bank.
- [ ] **8.** The station is a long way from here.
- [ ] **9.** The meeting is next Monday.
  ミーリィン
- [ ] **10.** I'm home.

↗ 使えます。next ~で「次の～」。next weekend（次の週末）、next month（来月）、next year（来年）など。**10.** 帰宅時に使われる決まり文句。

Lesson 05

be動詞の否定文

何ができる？｜「～ではない」と否定できる

「私はお腹が空いて**いません**」「彼は学生では**ありません**」のように、**「～ではない」と言いたいときは、be動詞（am/are/is）のすぐあとにnot（～ではない）を入れ**ます。

I am hungry. 私はお腹が空いています。

notをbe動詞の後ろに入れるだけ!

I am not hungry. 私はお腹が空いていません。

会話では普通、短縮形の I'm not hungry. を使います。

He is a student. 彼は学生です。

He is not a student. 彼は学生ではありません。

これも会話では普通、短縮形の He's not a student. あるいは is notを縮めて He isn't a student. を使います。

複数形でも同じく、be動詞の後ろにnotを入れます。

They are not busy.（彼らは忙しくありません）

同じく会話では普通、短縮形の They're not busy. または are notを縮めて They aren't busy. を使います。会話では前者のほうが好まれます。

理解度チェック

以下を赤シートで隠し、1 ～ 6 の文を、短縮形を使った否定文にしてください。音声も確認し、まねして発音してください。

1. **I am busy. ➡ I'm not busy.**（私は忙しくありません）

2. **He is nervous.**
He's not nervous.（彼は緊張していません）

3. **You are a morning person.**
You're not a morning person.（あなたは朝が強くありません）

4. **They are our employees.**
They're not our employees.（彼らはうちの社員ではありません）

5. **Harry is at the mall.**
Harry isn't at the mall.（ハリーはモールにはいません）

6. **The papers are on the desk.**
The papers aren't on the desk.（書類は机の上にはありません）

2.～4. それぞれ、He isn't、You aren't、They aren'tでも OK。ただし、（×）I amn't、（×）The papers'reとはできません。**2.** nervousは日本語の「ナーバス」のニュアンスとは少し違い「緊張している」を表すことが多いです。**5.&6.**「存在」の be動詞も同様に否定文にできます。

さあ、クイックレスポンス！ 10

以下の日本語を素早く英語にしてください。

※ is notは isn't、are notは aren'tで言ってみましょう。

☐ **1.** 彼女は緊張していません。

☐ **2.** 私はそんなに忙しくありません。
so

☐ **3.** 今日は電車が混んでいません。
crowded

☐ **4.** カールはスコットランドの出身ではありません。

☐ **5.** 彼らはうちの店員ではありません。
clerks

☐ **6.** 私は歌がうまくありません。（歌がうまい人ではない、と考えて）
a good singer

☐ **7.** その番組は面白くないです。
interesting

☐ **8.** これらのスーツは高くありません。
expensive

☐ **9.** 鍵は私のカバンの中にはありません。

☐ **10.** トイレはこの階にはありません
on this floor

大人の英会話ポイント

1.~3. が「状態」、**4.~8.** が「特徴（性質）」、**9.&10.** が「存在」を表しています。**2.** not so ~で「そんなに~ない」という意味。Scotlandは oを強く発音。**3.** 主語が何かをよく考えて。**7.** interestingは「興味深い」というニュアンスです。**10.** restroomは公共 ↗

1回目 ／ 2回目 ／ 3回目 ／

☐ **1.** **She isn't nervous.**
イズン_

☐ **2.** **I'm not so busy.**

☐ **3.** **The train isn't crowded today.**

☐ **4.** **Karl isn't from Scotland.**

☐ **5.** **They aren't our clerks.**
アーンタァー

☐ **6.** **I'm not a good singer.**
ナラ

☐ **7.** **The program isn't interesting.**

☐ **8.** **These suits aren't expensive.**

☐ **9.** **The key isn't in my bag.**

☐ **10.** **The restroom isn't on this floor.**

↗ 施設のトイレでbathroomは家の中のトイレを指します。
※**1.**のisn'tの発音のヒントの「_」は音をためてほぼ発音しないことを意味します。

Lesson 06

be動詞の疑問文と答え

何ができる？｜「～ですか？」と聞ける

「あなたは眠いですか？」「彼女は学生ですか？」のように尋ねる文を疑問文と言います。疑問文は何か情報を手に入れたいときに使います。

be動詞の疑問文は、以下のように**主語とbe動詞の順番を入れ替えて、文末に？を置き**ます。文末を上がり調子（↗）で発音します。

You are sleepy. あなたは眠いです。

前に出す！　？をつける

Are you sleepy?（↗）あなたは眠いですか？

She is a student. 彼女は学生です。

Is she a student?（↗）彼女は学生ですか？

答え方はそれぞれ以下のようになります。

疑問文	答え方（Yes はい／ No いいえ）
Are you ~?	Yes, I am. / No, I'm not.
Am I ~?、Are we ~?	Yes, you are. / No, you aren't.
Are they ~?	Yes, they are. / No, they aren't.
Is he ~?	Yes, he is. / No, he isn't.
Is she ~?	Yes, she is. / No, she isn't.
Is this ~?、Is that ~?、Is it ~?	Yes, it is. / No, it isn't.

No（いいえ）の場合は**短縮形**で答えるのが普通です。ただ、Yesのときに短縮形は使えません。Yes, I'm/it's/he's. などは×です。

なお、youは単数と複数が同じ形なのでAm I ~?とAre we ~?の答えは同じ形になります。

理解度チェック

以下を赤シートで隠し、問題に取り組んでください。

●以下の英文を疑問文に換えてください。その後声に出して言ってみましょう。

1. You are a college student.（あなたは大学生です）
Are you a college student?（あなたは大学生ですか?）

2. They are late.（彼らは遅れています）
Are they late?（彼らは遅れていますか?）

3. That is a coffee shop.（あれはコーヒーショップです）
Is that a coffee shop?（あれはコーヒーショップですか?）

●以下の疑問文にYesとNoで答えましょう。その後声に出して言ってください。

4. Is it warm today?（今日は暖かいですか?）
- Yes, it is. / No, it isn't.

5. Is she sensitive?（彼女は傷つきやすいですか?）
- Yes, she is. / No, she isn't.

6. Are your parents from Osaka?（ご両親は大阪出身ですか?）
- Yes, they are. / No, they aren't.

4. it isn'tはit's notでもOKです。**5.** she isn'tはshe's notでもOK。**6.** They aren'tはthey're notでもOK。言いやすいほうを選んでください。

さあ、クイックレスポンス！ 12

以下の日本語を素早く英語にしてください。

※短縮形を使いましょう。

☐ **1.** あなたはエンジニアですか？

☐ **2.** 彼らは会議に遅れていますか？（遅れて：late for）

☐ **3.** ＜体調や状況について＞（あなたは）大丈夫ですか？（大丈夫：OK）

☐ **4.** 彼はスポーツマンですか？　はい。／いいえ。（スポーツマン：athlete）

☐ **5.** あれは美容室ですか？　はい。／いいえ。（美容室：hair salon）

☐ **6.** 今日は寒いですか？　はい。／いいえ。

☐ **7.** 彼女は気さくですか？　はい。／いいえ。

☐ **8.** ＜電話で＞キャシーさんですか？

☐ **9.** 今晩、あなたは暇ですか？

☐ **10.** （私たち、）この道で合ってますか？（私たちは正しい通りにいますか？と考えて）

2. late for ~で「～に遅れて、～に遅刻して」という意味です。**3.** 相手の調子や状況がいつもと違うときに心配してかける言葉です。**4.**「運動選手、スポーツの得意な人」は通常、athleteを使います。Is he ↗

1回目 ／　2回目 ／　3回目 ／

- [ ] **1.** Are you an engineer?
- [ ] **2.** Are they late for the meeting?
- [ ] **3.** Are you OK?
- [ ] **4.** Is he an athlete? - Yes, he is. / No, he's not.
- [ ] **5.** Is that a hair salon? - Yes, it is. / No, it isn't.
  (that a：ザラ)
- [ ] **6.** Is it cold today? - Yes, it is. / No, it's not.
  (cold today：コォゥ_トゥデイ)
- [ ] **7.** Is she friendly? - Yes, she is. / No, she's not.
- [ ] **8.** Is this Cathy?
- [ ] **9.** Are you free tonight?
- [ ] **10.** Are we on the right street?
  (street：ストゥリー_)

↗ good at sports?でも同様の意味を表せます。**8.** 電話の場合Are you Cathy?とは言いません。答え方は、This is she. / Speaking.（そうです）など。**10.** 道に迷ってないかを確かめるときの表現です。

シャッフル・クイックレスポンス①

Lesson 01 ～ 06 からランダムに 10 文、選び出しました。
以下の日本語を素早く英語にしてください。

※なるべく短縮形を使いましょう。

☐ **1.** このケーキはおいしいです。

☐ **2.** 彼らはとても疲れています。

☐ **3.** メグはすごく頭がいいです。

☐ **4.** 彼らはプログラマーです。

☐ **5.** トイレは向こうにあります。

☐ **6.** その会議は次の月曜日にあります。

☐ **7.** 彼女は緊張していません。

☐ **8.** 今日は電車が混んでいません。

☐ **9.** あれは美容室ですか？
はい、そうです。／いいえ、違います。

☐ **10.** 今日は寒いですか？
ええ、寒いです。／いいえ、寒くないです。

1回目 ／　2回目 ／　3回目 ／

- [ ] **1.** **This cake is good.** (p. 015)
- [ ] **2.** **They're very tired.** (p. 019)
- [ ] **3.** **Meg is so smart.** (p. 023)
- [ ] **4.** **They're programmers.** (p. 023)
- [ ] **5.** **The bathroom is over there.** (p. 027)
- [ ] **6.** **The meeting is next Monday.** (p. 027)
- [ ] **7.** **She isn't nervous.** (p. 031)
- [ ] **8.** **The train isn't crowded today.** (p. 031)
- [ ] **9.** **Is that a hair salon?**
  - Yes, it is. / No, it isn't. (p. 035)
- [ ] **10.** **Is it cold today?**
  - Yes, it is. / No, it's not. (p. 035)

どうでしたか？　素早く英語に変換できましたか？
うまく変換できない苦手な文法があったら、
当該ページに戻って復習してください。

Lesson 07

一般動詞の基本

何ができる？ |「主語が～します」と言える

英語には、「be動詞」のほかに、eat（食べる）、sleep（眠る）など**主に「～する」という「動作」を表す「一般動詞」**があります。

一般動詞には、I play basketball.（私は**バスケットボールを**します）のように動詞の後ろに「～を」にあたる**動詞の対象**となる言葉（目的語と言います）を続けるものがたくさんあります※1。I play.（私はします）だけだと「え、何をするの？」となりますよね。

また、日本語につられて（×）I basketball play. としないこと！　英語は必ず、**誰・何が（主語）→どうする（動詞）→何を（目的語）**の順です。

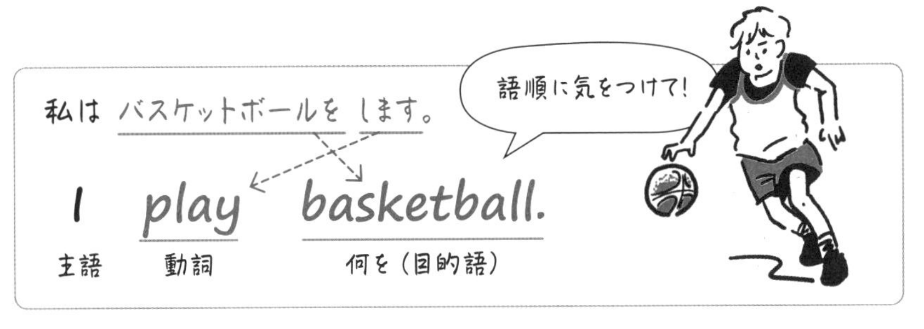

語順に気をつけて！
私は バスケットボールを します。
I play basketball.
主語 動詞 何を（目的語）

なお、上の文をつい、（×）I am play basketball. と言ってしまう人がけっこういます。**1つの文に動詞は1つだけ**です。

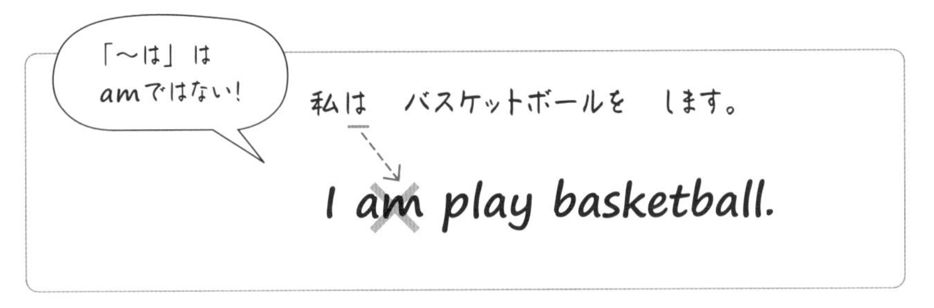

「～は」は
amではない！
私は バスケットボールを します。
I am play basketball.

また、一般動詞には、I walk.（私は散歩します）やI run.（私は走ります）のように、**主語と動詞だけで文が成り立ち**、後ろに目的語がいらないもの※2

もあります。これもれっきとした文ですが、これだけでは情報が足りないので、walk in the park（公園を散歩する）やrun fast（速く走る）のような「どこで」や「どのように」などを付け加えるのが普通です。

なお、一般動詞で現在のことを表す場合は、**普段していること、つまり「習慣」を表す**ことができます。

※1「他動詞」と言います。※2「自動詞」と言います。

理解度チェック

よく使う基本的な一般動詞を含む例文を用意しました。音声を聞いてから、まねして声に出してみましょう。

1. **I study Korean.**（私は韓国語を勉強しています）
2. **I use Instagram.**（私はインスタグラムを使っています）
3. **I like jazz.**（私はジャズが好きです）
4. **I want a new bike.**（私は新しい自転車が欲しいです）
5. **I go to a painting class.**（絵画教室に通っています）
6. **I run at night.**（私は夜、走っています）
7. **I live in Saitama.**（私はさいたまに住んでいます）
8. **I eat slowly.**（私はゆっくり食べます）

1.~4. は他動詞で、後ろに「目的語」が必要です。目的語は名詞か代名詞。**5.~8.** は自動詞で、多くの場合「前置詞で始まるかたまり」や「副詞（のかたまり）」を続けます。**5. go to ~** で「～に通う」の意。

さあ、クイックレスポンス！ 15

以下の日本語を素早く英語にしてください。

- [ ] **1.** 私はピアノを弾きます。
- [ ] **2.** 私はプログラミングを勉強しています。
- [ ] **3.** 私は蕎麦が好きです。
- [ ] **4.** 私はラインをやって（使って）います。
- [ ] **5.** 私は新しいスマートフォンが欲しいです。
- [ ] **6.** 私は毎朝コーヒーを入れます。（コーヒーを入れ: make coffee）
- [ ] **7.** 私は毎朝シャワーを浴びます。（シャワーを浴び: take a shower）
- [ ] **8.** 彼らは公園の周りを走っています。（公園の周り: around the park）
- [ ] **9.** 私たちは京都に住んでいます。
- [ ] **10.** あなたはよく笑います。（よく笑い: laugh a lot）

1.~7. 他動詞。**8.&9.** 自動詞＋前置詞のかたまり。**10.** 自動詞＋副詞（のかたまり）。楽器には theをつけますが、会話ではよく省略されます。**6.** coffeeは数えられない名詞なので aは不要。（p. 112 参照）↗

1回目 ／ 2回目 ／ 3回目 ／

- [ ] **1. I play the piano.**
- [ ] **2. I study programming.**
- [ ] **3. I like soba noodles.** (noodles: ヌーロォズ)
- [ ] **4. I use Line.**
- [ ] **5. I want a new smartphone.**
- [ ] **6. I make coffee every morning.**
- [ ] **7. I take a shower every morning.** (take a: テイカ)
- [ ] **8. They run around the park.** (run around: ラナラゥン_)
- [ ] **9. We live in Kyoto.**
- [ ] **10. You laugh a lot.** (laugh a: ラファ)

↗ **10.** a lotは「大いに、たくさん」という意味で副詞的に使います。

Lesson 08

3単現の「s」

何ができる？ | HeやSheが主語の一般動詞が使える

I（自分＝1人称）と You（相手＝2人称）**以外**の人やもの、つまり、He（彼）や She（彼女）、It（それ）、Bill（ビル）、My bird（私の鳥）、That store（あのお店）などを**3人称**と言います。

主語が3人称で単数（1人・1つ）のとき、一般動詞の語尾に「s」をつけるのが英語のルールです。ただし、これが適用されるのは**現在**の文（現在形と言います）のときだけです。次の2つは間違いなので注意しましょう。

× She speak English. → ○ She speaks English.

主語 Sheが3人称、単数で現在の文なのでSが必要。

× They speaks English. → ○ They speak English.

主語 Theyは3人称だが、
複数（2人以上）なのでSは不要。
My friendsやRick and Pattiなども複数。

この「3単現のs」は、頭でわかっていても、いざ話すときに間違えてしまう文法の代表です。クイックレスポンスで繰り返し声に出して練習し、慣れていきましょう。

なお、3単現のsをつける際、単につけるだけではない動詞があります。次の3パターンだけ、押さえておきましょう。

① esをつける動詞 （o、ch、sh、s、xで終わる動詞）	go（行く）→ goes do（する）→ does watch（見る）→ watches teach（教える）→ teaches wash（洗う）→ washes
② yをiに変えてesをつける動詞	study（勉強する）→ studies
③ 特別な変化をする動詞	have（持っている）→ has

理解度チェック

以下を赤シートで隠し、下線部の動詞を正しい形にして文を読みましょう（紙に書くのもお勧めです）。音声も確認し、まねして発音してください。

1. **He teach → teaches Japanese.**（彼は日本語を教えています）
2. **My mother like → likes classical music.**
（私の母はクラシック音楽が好きです）
3. **Kaoru take → takes piano lessons.**
（カオルはピアノのレッスンを受けています）
4. **She have → has a cold.**（彼女は風邪を引いています）
5. **Mr. Baker go → goes to church.**
（ベーカーさんは教会に通ってます）
6. **It rain → rains a lot here.**（ここはたくさん雨が降ります）
7. **Jack work → works from home.**（ジャックは在宅勤務です）
8. **Time fly → flies.**（時がたつのは早いです<ことわざ>）

さあ、クイックレスポンス！

以下の日本語を素早く英語にしてください。

□ **1.** 彼はゴルフをします。

□ **2.** 彼女は甘いものが大好きです。
　　甘いもの: sweets

□ **3.** 私の友達は猫を２匹飼っています。
　　飼っている: have

□ **4.** 彼は新しいスマホを欲しがっています。

□ **5.** マキはオンラインで韓国ドラマを見ます。

□ **6.** 彼女はギターのレッスンを受けています。

□ **7.** アンドリューはジムに通っています。

□ **8.** トオルは在宅勤務をしています。

□ **9.** ６月にたくさん雨が降ります。
　　６月に: in June

□ **10.** お金がものを言う＜ことわざ＞。
　　ものを言う: talk

1.～6. 他動詞なので目的語があります。**7.&8.** 自動詞＋前置詞のかたまり。**9.** 自動詞＋副詞（のかたまり）＋前置詞のかたまり。**10.** 自動詞なので目的語はいりません。これはことわざで「この世は何だかん ↗

1回目 ／ 2回目 ／ 3回目 ／

□ **1. He plays golf.** (golf: ガォフ)

□ **2. She loves sweets.**

□ **3. My friend has two cats.**

□ **4. He wants a new smartphone.**

□ **5. Maki watches Korean dramas online.**

□ **6. She takes guitar lessons.**

□ **7. Andrew goes to the gym.**

□ **8. Toru works from home.**

□ **9. It rains a lot in June.**

□ **10. Money talks.** (Money: マニィ)

↗ だ言ってもお金の力は大きい」と言いたいときに。

Lesson 09

一般動詞の否定文

何ができる？ | 「主語が～しません」と言える

be動詞の否定文は、動詞のすぐ後ろにnot（～ではない）を置きました。一般動詞は、**動詞の前にdo not、実際には短縮形のdon'tを置く**のがルールです。

I play tennis. 私はテニスをします。

動詞の前にdon'tを入れる

I don't play tennis.

私はテニスをしません。

主語がYou**や**We**、**They**など複数のときでも**don't**で**OK**です。**

ただし、**主語が３人称単数のとき**（He、She、It、Tomなど）は、don'tではなく**does not、実際には短縮形のdoesn'tを置き**ます。

He plays tennis. 彼はテニスをします。

sがない！

He doesn't play tennis.

彼はテニスをしません。

ここで大事なのは、**doesn'tの後ろの動詞は、必ずsの付かない元の形（原形）に戻す**ことです。

なお、短縮形にせず、do notのままだと否定を強調した言い方になります。

I（私）	don't	play tennis.
You（あなた［たち］） We（私たち） They（彼ら）　など		
He（彼） She（彼女） It（それ）　3人称単数	doesn't	

理解度チェック

以下を赤シートで隠し、主語に合わせてdon'tかdoesn'tを選んで文を読んでみましょう。音声も確認し、まねして発音してください。

1. **We don't know her.**（私たちは彼女を知りません）
2. **I don't drive a car.**（私は車を運転しません）
3. **My parents don't use trains.**（私の両親は電車を利用しません）
4. **Hiro doesn't like snakes.**（ヒロはヘビが好きではありません）
5. **Tomoko doesn't drink milk.**（トモコは牛乳を飲みません）
6. **The copier doesn't work.**（コピー機が動きません）

1. 知り合いではない、という意味です。**6.** workは「機能する、作動する」の意。~ don't/doesn't workは機械なら「故障している」ということです。

さあ、クイックレスポンス！ 19

以下の日本語を素早く英語にしてください。

☐ **1.** 彼らは東京に住んでいません。

☐ **2.** 彼女は新聞を読みません。

☐ **3.** 彼は車を運転しません。

☐ **4.** マサオは電車を利用しません。

☐ **5.** サムは肉を食べません。
meat

☐ **6.** 私は納豆が好きではありません。

☐ **7.** 私の家族はテレビを見ません。

☐ **8.** ここでは雪はあまり降りません。
much

☐ **9.** 私の夫は家事をしません。
do the housework

☐ **10.** このエアコンは故障しています。
air conditioner

5.&6. meatとnattoは、英語では素材に注目するので数えられない名詞になり、aは不要です（p.112 参照）
7. 家族は何人いても一単位でとらえるので単数です。
8. not ~ muchで「あまり〜ない」という意味になり ↗

1回目 ／　2回目 ／　3回目 ／

- [ ] 1. They don't live in Tokyo.
- [ ] 2. She doesn't read newspapers.
- [ ] 3. He doesn't drive a car.
- [ ] 4. Masao doesn't use trains.
- [ ] 5. Sam doesn't eat meat.
- [ ] 6. I don't like natto.
- [ ] 7. My family doesn't watch TV.
- [ ] 8. It doesn't snow much here.
- [ ] 9. My husband doesn't do the housework.
- [ ] 10. This air conditioner doesn't work.

↗ ます。

Lesson 10

一般動詞の疑問文と答え

何ができる？｜「主語が～しますか？」と聞ける

一般動詞の疑問文は、be動詞のようにam/are/isを文頭に出すのではなく、**doを頭に置き、文末に「?」をつけるだけ**です。また、**文末を上がり調子**（↗）**で発音**します。

You play soccer. あなたはサッカーをします。

最初にDoを置き、最後に?をつける

Do you play soccer?（↗）

あなたはサッカーをしますか？

つい、Are you play soccer?（×）と言ってしまったことはありませんか？**一般動詞とbe動詞は一緒に使えない**ので注意しましょう。

答え方は、「はい」なら「Yes, ＋主語（代名詞）＋ do.」、「いいえ」なら「No, ＋主語（代名詞）＋ do not(don't).」になります。

否定文同様、**主語が3人称単数のときはdoではなくdoes**を使います。

She likes animals. 彼女は動物が好きです。

sがない

Does she like animals?（↗）

彼女は動物が好きですか？

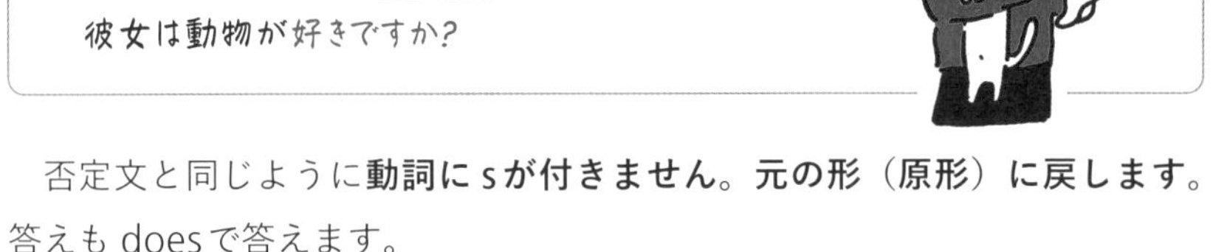

否定文と同じように**動詞にsが付きません。元の形（原形）に戻します。**答えもdoesで答えます。

疑問文				答え
Do	I（私） we（私たち）	~?	→	Yes, you do./No, you don't. ※ youは単複同形なので同じになる
	you（あなた［たち］） they（彼ら）　など		→	Yes, I do./No, I don't. Yes, they do./No, they don't.
Does	he（彼） she（彼女） it（それ）　3人称単数		→	Yes, he does./No, he doesn't Yes, she does./No, she doesn't. Yes, it does./No, it doesn't.

理解度チェック

以下を赤シートで隠し、空欄を埋めて疑問文と答えを言ってください。音声も確認し、まねして発音してください。

1. あなたはお寿司が好きですか？　はい。／いいえ。
Do you like sushi? - Yes, I do. / No, I don't.

2. 彼らは料理しますか？　はい。／いいえ。
Do they cook? - Yes, they do. / No, they don't.

3. 彼はゴルフをしますか？ はい。／いいえ。
Does he play golf?
- Yes, he does. / No, he doesn't.

4. このバスは成田行きですか？ はい。／いいえ。
Does this bus go to Narita?
- Yes, it does. / No, it doesn't.

5. 手の消毒液はありますか？
Do you have any hand sanitizer?

さあ、クイックレスポンス！

以下の日本語を素早く英語にしてください。

☐ **1.** あなたは犬が好きですか？

☐ **2.** 彼らは日本語を話しますか？ — はい。/いいえ。

☐ **3.** あなたは料理をしますか？ — はい。/いいえ。

☐ **4.** この路面電車は美術館に行きますか？ — はい。/いいえ。
（路面電車：streetcar）

☐ **5.** ブラウンさんはマンガを読みますか？ — はい。/いいえ。

☐ **6.** 彼は週末に働きますか？ — はい。/いいえ。
（週末に：on weekends）

☐ **7.** あなたの子供たちは歩いて通学していますか？
— はい。/いいえ。
（歩いて通学し：walk to school）

☐ **8.** ケイトは1人暮らしをしていますか？
（1人暮らしをしてい：live alone）

☐ **9.** あなたの仕事は9時に始まりますか？ — はい。/いいえ。
（仕事：job）

☐ **10.** あなた方は予約がありますか？
（予約があり：have an appointment）

4. museumは「ミュー**ズィ**アム」という感じで発音。**5.** comicsはmangaでもOKです。**7.** このwalkは自動詞で、walk to ~で「～に歩いて行く、～に通う」という意味になります。**10.** appointmentは「人との ↗

1回目 ／ 2回目 ／ 3回目 ／

☐ 1. Do you like dogs?

☐ 2. Do they speak Japanese?
- Yes, they do. / No, they don't.

☐ 3. Do you cook? - Yes, I do. / No, I don't.

☐ 4. Does this streetcar go to the museum?
- Yes, it does. / No, it doesn't.

☐ 5. Does Mr. Brown read comics?
- Yes, he does. / No, he doesn't.

☐ 6. Does he work on weekends?
- Yes, he does. / No, he doesn't.

☐ 7. Do your children walk to school?
- Yes, they do. / No, they don't.

☐ 8. Does Kate live alone?
- Yes, she does. / No, she doesn't.

☐ 9. Does your job begin at 9(nine)?
- Yes, it does. / No, it doesn't.

☐ 10. Do you have an appointment?

↗ 約束、予約」、reservationはレストランの席やホテルの部屋など「場所の予約」に使います。

Lesson 11

代名詞

何ができる？ | 名詞を繰り返さずに済ませられる

代名詞は「名詞の代わりに使う詞（ことば）」でしたね。**Maki** is my sister. **She** lives in Toronto. **She** is an artist. のように、Makiという**名詞を繰り返したくない**場合に主語を代名詞のSheで置き換えます。

代名詞には、主語（～は）として使うほかに、**my** pen（**私の**ペン）のように、**名詞の前に置いて「誰々の」と所有者を表す**ものがあります。

代名詞を使わない場合は、's（アポストロフィ s）をつけて Sue's mother（スーのお母さん）、today's lunch（今日のランチ）、my friend's car（私の友人の車）のようにできます。

なお、a my book（×）や the your room（×）は間違いです。**代名詞の前に a や the はつけられない**のです。

また代名詞には、I know **him**.（**彼を**知っている）のように、**「誰々を」という動詞の対象（目的語と言うのでしたね）を表す**ものもあります。Taka knows **me/you/him/her/it/us/them**.（タカは**私/あなた/彼/彼女/それ/私たち/彼らを**知っている）のように使います。I know **he**.（×）や I know **his**.（×）は間違いです。

以下、おなじみの代名詞の変化表です。再確認しておきましょう。

単数	～は	～の	～を・～に
私	I	my	me
あなた	you	your	you
彼	he	his	him
彼女	she	her	her
それ	it	its	it

複数	～は	～の	～を・～に
私たち	we	our	us
あなたたち	you	your	you
彼ら 彼女ら それら	they	their	them

理解度チェック

以下を赤シートで隠し、空欄に下線部に相当する代名詞を入れて文を読んでみましょう。音声も確認し、まねして発音してください。

1. 私は6時に起きます。➡ **I get up at six.**

2. それは彼女のスマホです。➡ **It's her smartphone.**

3. コウジは私のいとこです。➡ **Koji is my cousin.**

4. 今日は彼の誕生日です。➡**Today is his birthday.**

5. 私の言うことをよく聞いてください。
Listen to me carefully.

6. これらのCDはいいです。私はそれらをとても気に入ってます。
These CDs are nice. I like them a lot.

5. これは命令文です。p. 118 で詳しく説明します。listen は自動詞なので、Listen me.（×）ではなく、前置詞のかたまり to me が必要になります。

さあ、クイックレスポンス！ 23

以下の日本語を素早く英語にしてください。

- [ ] **1.** 彼女は髪が長いです。
- [ ] **2.** 私たちは一緒に住んでいます。（一緒に住んでいる：live together）
- [ ] **3.** 私は３匹犬を飼っています。みんなかわいいです。
- [ ] **4.** ブラッド・ピットは私たちのお気に入りの俳優です。（お気に入りの：favorite）
- [ ] **5.** ユミコのお父さんは建築家です。（建築家：architect）
- [ ] **6.** あれが私の彼氏です。
- [ ] **7.** 私は彼女のスカーフが好きです。とてもかっこいいです。（スカーフ：scarf／かっこいい：cool）
- [ ] **8.** 彼は今、あなたを必要としています。
- [ ] **9.** 私はLINEで友達と話します。
- [ ] **10.** ケビンは私の両親を知っています。

3. cuteはペットや子供が「かわいい、かわいらしい」と言うときにぴったりの表現です。**7.** That's so cool. も可。coolの発音は「クーォ」という感じ。**8.&10.** ３単現のsを忘れずに。**10.** 一方的に知って ↗

1回目 ／　2回目 ／　3回目 ／

- [ ] 1. She has long hair.
- [ ] 2. We live together.
- [ ] 3. I have three dogs. They're all cute.
- [ ] 4. Brad Pitt is our favorite actor.
  (Pitt is: ピッティズ)
- [ ] 5. Yumiko's father is an architect.
- [ ] 6. That's my boyfriend.
- [ ] 7. I like her scarf. It's so cool.
- [ ] 8. He needs you now.
- [ ] 9. I talk with my friends on Line.
- [ ] 10. Kevin knows my parents.

↗ いるということではなく、お互いに知り合いということを示しています。

Lesson 12

形容詞

何ができる？ | 名詞を詳しく説明できる

「赤い花」や「大きな家」「いいアイデア」など、**名詞をより詳しく説明したいときは「形容詞」**を使います。

単なる a car（車）より、a **big** car（大きな車）、a **new** car（新しい車）、an **expensive** car（高価な車）のように形容詞で説明すると、イメージがより具体的になりますよね。

形容詞には、以下の２つの役割があります。

①は代名詞を追加して my new bag（私の新しいカバン）などと言うこともできます。（×）new a bag は順番が間違っています。

②は、主語 She と形容詞の happy がイコールの関係でしたね。She = happy。（×）She happy. と be動詞を抜かさないように注意。また、（×）She is a happy. や She is the happy. のように a や the は置けません。

なお、this camera（このカメラ）や that lady（あの婦人）の this や that も形容詞です。

理解度チェック

以下を赤シートで隠し、空欄に、日本語の下線部に相当する形容詞を入れて読んでみましょう。音声も確認し、まねして発音してください。

1. 私は小さいマンションに住んでます。
I live in a small condo.

2. それはフォーマルなパーティーです。
It's a formal party.

3. その若いカップルたちはヨガをやっています。
The young couples do yoga.

4. その野菜は新鮮です。
The vegetable is fresh.

5. あなたの彼女は恥ずかしがり屋です。
Your girlfriend is shy.

6. このコンピューターは遅いです。
This computer is slow.

1.~3. すぐ後ろの名詞を説明しています。**4.~6.** be動詞でイコールの関係で結ばれ、主語を説明しています。
1. condoはcondominium([分譲]マンション)の略。大家がいるのはapartment。mansionと言うと「大邸宅」の意味になります。

さあ、クイックレスポンス！ 25

以下の日本語を素早く英語にしてください。

☐ **1.** これはおいしいコーヒーです。

☐ **2.** これらは私の古いくつです。

☐ **3.** カレンはもの静かな少女です。
quiet

☐ **4.** 私の妻は赤ワインが大好きです。

☐ **5.** 彼女は飲み込みが早いです。（早く学習する人、と考えて）
fast learner

☐ **6.** 今日はとても暖かいです。

☐ **7.** このジャケットは安いです。
cheap

☐ **8.** それらの魚は新鮮です。

☐ **9.** そのアプリは役に立ちます。
useful

☐ **10.** 私たちの上司は超忙しいです。
super busy

1. 1杯のコーヒーを指して言う場合は、This is a good coffee. と a をつけることができます。**2.** くつは左右ペアなので複数形です。**8.** fish は単数と複数が同形です。**9.** app は application の略。**10.** ↗

1回目 ／ 2回目 ／ 3回目 ／

- [ ] **1. This is good coffee.**
- [ ] **2. These are my old shoes.**
  (old: オウォドゥ)
- [ ] **3. Karen is a quiet girl.**
- [ ] **4. My wife loves red wine.**
- [ ] **5. She's a fast learner.**
- [ ] **6. It's very warm today.**
- [ ] **7. This jacket is cheap.**
- [ ] **8. Those fish are fresh.**
- [ ] **9. The app is useful.**
  (useful: ユースフォウ)
- [ ] **10. Our boss is super busy.**

↗ super＋**形容詞**で「超～」と表現できます。名詞の前に置く場合は - （ハイフン）でつなげます。例：super-cold winter（極寒の冬）、super-cheap ticket（格安チケット）。

Lesson 13

副詞

何ができる？｜名詞以外を詳しく説明できる

名詞を説明するのが形容詞でした。**名詞以外を詳しく説明したいなら「副詞」**を使います。

「**いつ（日時）**」today（今日）、every day（毎日）、「**どこで（場所）**」here（ここで）、over there（向こうで）、「**どんなふうに（程度）**」very（とても）、really（本当に）、hard（一生懸命）、「**どのくらい（頻度）**」often（よく）、sometimes（時々）などの情報を加えることができます。

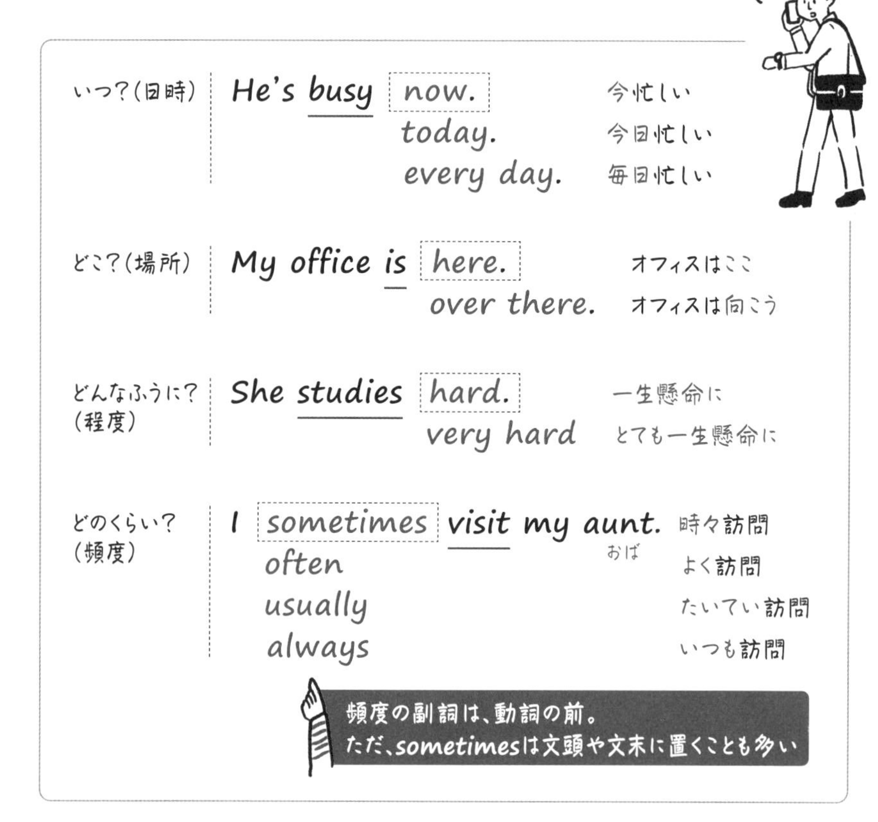

いつ？（日時）
He's busy now.
today.
every day.
今忙しい
今日忙しい
毎日忙しい
どこ？（場所）
My office is here.
over there.
オフィスはここ
オフィスは向こう
どんなふうに？（程度）
She studies hard.
very hard
一生懸命に
とても一生懸命に
どのくらい？（頻度）
I sometimes visit my aunt.
often
usually
always
おば
時々訪問
よく訪問
たいてい訪問
いつも訪問
頻度の副詞は、動詞の前。
ただ、sometimesは文頭や文末に置くことも多い

理解度チェック

以下を赤シートで隠し、日本語に合うように下線部を埋めて読んでみましょう。音声も確認し、まねして発音してください。

1. 毎朝散歩しています。
I go for a walk every morning.

2. 今日は蒸し暑いです。➡ **It's hot and humid today.**

3. 風がとても強いです。➡ **The wind is very strong.**

4. 彼はネットフリックスにはまっています。
He really likes Netflix.

5. 私は時々箱根に行きます。
I go to Hakone sometimes.

6. 私はたいてい早起きします。
I usually get up early.

7. マイは英語をとても上手に話します。
Mai speaks English very well.

8. ほら！　こっちへ来て。➡ **Come on! Come over here.**

1. go for a walkで「散歩する」。**4.** reallyは一般動詞の前に置きます。really like ~で「～にはまっている」と表現できます。be into ~でも同じ意味です。**6.** どちらもget upを説明。**8.** over here（こっちのほうへ）は少し離れている相手に対して使います。

さあ、クイックレスポンス！ 27

以下の日本語を素早く英語にしてください。

☐ **1.** 私は今、すごく疲れています。

☐ **2.** 私は毎晩一杯やります。
have a drink

☐ **3.** ダンは毎日ツイッターをします。

☐ **4.** 彼女は都心に住んでいます。
downtown

☐ **5.** 彼は食べるのが早いです。
fast

☐ **6.** 彼らはよく大口をたたきます。
talk big

☐ **7.** 私の母は韓国ドラマにはまっています。

☐ **8.** 私は、今日はオフです。

☐ **9.** リサはいつもメガネをかけています。
wear glasses

☐ **10.** 外はあまり寒くありません。
outside

4. この downtown は副詞です。**6.** この big は副詞で「偉そうに」という意味です。**8.** この off は「休みで」という意味の副詞です。be動詞＋副詞の例はほかに、She's out.（彼女は外出中です）、I'm up.（私 ↗

1回目 ／ 2回目 ／ 3回目 ／

- [ ] **1. I'm so tired now.**
- [ ] **2. I have a drink every night.**
- [ ] **3. Dan uses Twitter every day.**
  トゥィラー
- [ ] **4. She lives downtown.**
- [ ] **5. He eats fast.**
- [ ] **6. They often talk big.**
- [ ] **7. My mother really likes Korean dramas.**
- [ ] **8. I'm off today.**
- [ ] **9. Lisa always wears glasses.**
- [ ] **10. It's not very cold outside.**

↗ は起きています）などがあります。**9.** wearsのsを忘れずに。**10.** not very ~で「あまり～ない」。veryがcoldの「程度」を説明。**outside**は「場所」を表しています。

Lesson 14

前置詞

何ができる？ ｜ 場所や手段などの情報を追加できる

at、in、onなどの前置詞は、**「場所」や「時間」、「手段」などの情報を加えたいとき**に使います。前置詞は単独では使いませんが、**名詞と一緒にかたまりを作り**、以下のような情報を表します。

場所	The calendar <u>on the wall</u> is old. 壁にかかっているカレンダーは古いです。
手段	I go to the office <u>by bike.</u> 私は自転車で通勤しています。
熟語を作る	I <u>listen to</u> classical music. 私はクラシック音楽を聞きます。

よく使う前置詞のイメージと意味を以下で確認しましょう。

on the table
テーブルの上

in the room
部屋の中

at eight
8時に

in the morning
午前中に

to the store
店へ

for Tokyo
東京のほうへ

off the wall
壁から離れる

of cake
ケーキの一部

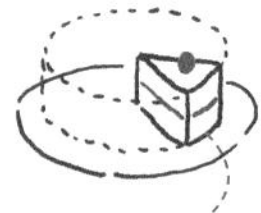

理解度チェック

前ページのイメージを具体的な例文で確認しましょう。音声も確認し、まねして発音してください。

1. Kei is in/at Kanazawa now. (ケイは今、金沢にいます)

※inは「金沢という広い地域の中のどこかにいる」、atは地図アプリのピンのイメージ。

2. This train is bound for Hakata. (この電車は博多行きです)

※forは「方向」で、博多方面に向かうことを表しています。

3. The cat on the sofa is really cute.

(ソファーにいる猫は本当にかわいいです)

※onは「接触」を表し、猫がソファーの座面に触れているイメージ。

4. I go to the library every month.

(私は毎月図書館に行きます)

※toは「向かって到達」するイメージ。

5. I get off the subway at Ueno.

(私は上野で地下鉄を降ります)

※offは「離れる」で、地下鉄から離れていくイメージ。

6. The radio show starts at 6 in the morning.

(そのラジオ番組は朝の6時に始まります)

※atは時刻、inは時間の幅を示します。

2. be bound for ~(~行きである)。**5.** get off ~(~を降りる)。**6.** morningは朝6時から12時ごろを指します。前置詞のイメージをつかんでいると、熟語も覚えやすくなるはずです。

さあ、クイックレスポンス！ 29

以下の日本語を素早く英語にしてください。

☐ **1.** 彼らは今、オフィスにいます。

☐ **2.** このバスは空港行きです。

☐ **3.** テーブルの上の花はとてもきれいです。

☐ **4.** 私はそこへ車で行きます。

☐ **5.** 私たちは午前中に大阪へ出発します。
leave for ~

☐ **6.** 私は時々、彼らとディナーを食べます。

☐ **7.** そのセミナーは金曜日です。

☐ **8.** それは私のおごりです。
on me

☐ **9.** 彼女は私の友人の一人です。
a friend of mine

☐ **10.** ミヤベさんは福島の出身です。
comes from ~

2. bound がなくても同じ意味です。**4.** by bus、by train などの by で交通手段を表現できます。**5.&7.** 確実な予定は、未来形でなくても現在形で表せます。**8.** 請求書（it）を自分（me）に接触（on）させるイメ ↗

1回目 ／　2回目 ／　3回目 ／

- [ ] **1. They are in the office now.**
- [ ] **2. This bus is bound for the airport.**
- [ ] **3. The flowers on the table are very beautiful.**
  ティボォ
- [ ] **4. I go there by car.**
- [ ] **5. We leave for Osaka in the morning.**
- [ ] **6. I sometimes have dinner with them.**
- [ ] **7. The seminar is on Friday.**
- [ ] **8. It's on me.**
- [ ] **9. She's a friend of mine.**
- [ ] **10. Mr. Miyabe comes from Fukushima.**

ージ。**9.** a friend of mine は「何人かいる友人**のうちの**一人」ということ。**10.** from は「起点」を示します。この come from は be from と同意。

シャッフル・クイックレスポンス②

Lesson 07 ～ 14 からランダムに 10 文、選び出しました。
以下の日本語を素早く英語にしてください。

※なるべく短縮形を使いましょう。

☐ **1.** 私は毎朝シャワーを浴びます。

☐ **2.** トオルは在宅勤務をしています。

☐ **3.** このエアコンは故障しています。

☐ **4.** この路面電車は美術館に行きますか？ — はい。/いいえ。

☐ **5.** ブラッド・ピットは私たちのお気に入りの俳優です。

☐ **6.** 私は LINE で友達と話します。

☐ **7.** そのアプリは役に立ちます。

☐ **8.** 私は今、すごく疲れています。

☐ **9.** テーブルの上の花はとてもきれいです。

☐ **10.** 私たちは午前中に大阪へ出発します。

1回目 ／　2回目 ／　3回目 ／

- [ ] **1. I take a shower every morning.** (p. 041)

- [ ] **2. Toru works from home.** (p. 045)

- [ ] **3. This air conditioner doesn't work.** (p. 049)

- [ ] **4. Does this streetcar go to the museum?
- Yes, it does./ No, it doesn't.** (p. 053)

- [ ] **5. Brad Pitt is our favorite actor.** (p. 057)

- [ ] **6. I talk with my friends on Line.** (p. 057)

- [ ] **7. The app is useful.** (p. 061)

- [ ] **8. I'm so tired now.** (p. 065)

- [ ] **9. The flowers on the table are very beautiful.** (p. 069)

- [ ] **10. We leave for Osaka in the morning** (p. 069)

どうでしたか？　素早く英語に変換できましたか？
うまく変換できない苦手な文法があったら、
当該ページに戻って復習してください。

column_01

前置詞は物事のとらえ方で決まる

皆さんの多くは学校の授業で､｢at＝～に｣｢on＝～の上｣に｢in＝～の中に｣のように機械的に暗記させられたのではないでしょうか。しかし、前置詞というのは、単語そのものに意味があるというより、話し手がどのように物事をとらえているのかを表現したものなのです。

get on the taxiの意味

例えば､inには｢(容器など)の中｣というイメージがあります。「タクシーに乗る」と言うときは、車内の空間に身をかがめて乗り込むという意識が強いので、get in the taxiとinを使います。get on the taxiと言うと、onには「接触」のイメージがあるので、ボンネットに乗っかるか、屋根の上に乗るような意味合いが出てきます。

バスや飛行機の場合は普通、get on the bus、get on the planeのように言いますね。乗り込む際に身をかがめるのではなくそのままの姿勢で入っていけるので、意識は足元に向き、床に「接触」するという感覚が働くためです。ただし、バスや飛行機を一つの容器ととらえて、その空間の中に入っていくと感じれば

get in the busやget in the planeとも言えます（実際にはまれですが）。要は、その人が目の前の現象をどうとらえたかが言葉になって表れるわけです。

前置詞を変えると
まったく違うニュアンスに

また、inを例にとってみましょう。「雑誌でその記事を読んだ」と言う場合、英語話者は記事（article）が雑誌（magazine）という誌面「の中」にあるととらえて、I read the article in the magazine.のように表します。つまり、容器や空間だけでなく、平面な紙の枠の中にも適用できるのです。

もしinをonにして、I read the article on the magazine.とすると、onは「接触」ですから「関連性」の意味が生まれ、「その雑誌に関する記事を読んだ」という意味になります。また、I read the article with the magazine.だと、withは「同伴（一緒に）」のイメージなので、そこから「随伴性」が強調されて「雑誌と一緒に」→「雑誌を使って」のように、材料や道具の意味になってしまいます。

このように、物事をどう見るかが前置詞の選択と深く関係しているのです。前置詞が異なるとニュアンスが違ってくるので、その違いを理解したうえで、自分の言いたいことに合った前置詞を選択したいものですね。前置詞一つでコミュニケーションに支障が出る場合もある、ということをぜひ頭に入れておいてください。

Lesson 15

「～できる」のcan

何ができる？｜「～できる」と言える

「話せる」「泳げる」など「**～することができる（能力・可能性）**」と言いたいときは、**動詞の前にcanを置いて**、can speak、can swimのようにします。**< can + 動詞（原形）> は主語に関係なく常にこの形**です。can speaks（×）にはならないので注意しましょう。

I can play the guitar.
私はギターを弾くことができます。

She can speak Chinese very well.
彼女は中国語をとても上手に話せます。 ✖ can speaks としない！

「～できない」と否定文にするには、canにnotを足してcannot、実際の会話では**短縮形のcan't を動詞の前に置き**ます。

I can't play the guitar.
私はギターを弾けません。

「～できますか？」と疑問文にするには、doやdoesの疑問文同様、**canをいちばん前に出せばOK**です。答え方はYes,（**主語**）can. / No,（**主語**）can't. です。

Can you play the guitar?
あなたはギターを弾けますか？。
Yes, I can. はい、弾けます。
No, I can't. いいえ、弾けません。

ちなみに、canは、動詞を助けて意味を変化させるので、助動詞と呼ばれます。

理解度チェック

以下を赤シートで隠し、日本語に合うように空欄を埋めて英語を読んでみましょう。音声も確認し、まねして発音してください。

1. 私はドイツ語が読めます。
I can read German.

2. 彼女は本格的なフレンチが作れます。
She can make real French food.

3. ドンは泳げません。
Don can't swim.

4. 彼はスキーができますか？　はい。／いいえ。
Can he ski? – Yes, he can. / No, he can't.

5. <Zoomなどで> 聞こえますか？ あまりよく聞こえません。
Can you hear me? – I can't hear you very well.

6. ここからはバスには乗れません。
You can't take a bus from here.

1.~4. 持っている「能力」について。**5.** hear ~ well で「～がよく聞こえる」という意味になります。**5.&6.** 能力ではなく「可能性」を表す canです。**6.**「ここから」は from hereが自然な言い方です。

さあ、クイックレスポンス！

以下の日本語を素早く英語にしてください。

※I、You、We、She、Theyは短縮形を使いましょう。

- [ ] **1.** 彼女は卓球ができます。 (卓球: table tennis)
- [ ] **2.** この新しいアプリはいろいろなことができます。 (いろいろなこと: many things)
- [ ] **3.** 私はそれを信じられません。 (信じ: believe)
- [ ] **4.** 彼はお箸を使えますか？　はい／いいえ。 (お箸: chopsticks)
- [ ] **5.** 私はあなたを手伝えません。
- [ ] **6.** 聞こえますか？　はい。はっきり聞こえます。 (はっきり: clearly)
- [ ] **7.** 私は、今日はあなたと一緒にお昼を食べられます。
- [ ] **8.** 私は会議をリスケできます。 (リスケ: reschedule)
- [ ] **9.** あなたはそこに時間までに着けますか？ (時間までに: in time)
- [ ] **10.** がんばれ！（あなたならそれをすることができる、と考えて）

1.～6.「能力」についての表現。**7.～10.**「可能性」についての表現。ただし、文脈次第で次のレッスン（p. 078参照）の「～してもいい」という意味にもとれます。**3.**「本当かなあ」と疑うニュアンス。相手の言ったこと ↗

1回目 ／ 2回目 ／ 3回目 ／

- [ ] **1.** She can play table tennis.
- [ ] **2.** This new app can do many things.
- [ ] **3.** I can't believe it.
  ビリィーヴィッ＿
- [ ] **4.** Can he use chopsticks? – Yes, he can./ No, he can't.
- [ ] **5.** I can't help you.
- [ ] **6.** Can you hear me? – Yes. I can hear you clearly.
- [ ] **7.** I can eat lunch with you today.
- [ ] **8.** I can reschedule the meeting.
  リスケジューォ
- [ ] **9.** Can you get there in time?
- [ ] **10.** You can do it!

↗ が信じられない場合は、I can't believe you. とします。**7.** eat は have でも OK です。**10.**「がんばれ！」と励ますときのま決まり文句。

Lesson 16

「～してもいい」の can

何ができる？ ｜「～してもいい」「～してくれる？」と言える

canには「～できる（能力・可能性）」のほかに、**「～してもいいです」という「許可」と「～してくれますか？」という「依頼」**の使い方があります。

●許可（～してもよい）

You can use this umbrella.
この傘を使ってもいいですよ。

Can I talk to you?
あなたに話しかけてもいいですか？

●依頼（～してくれますか？）

Can you open the window?
窓を開けてくれますか？

いずれもややカジュアルな表現ですが、親しい間柄ならどんな場面でも使うことができます。

Can I ~?、Can you ~? への返事の仕方は、「いい」なら **OK.**（いいですよ）や **Sure. / Of course.**（もちろんです）と答えます。
「だめ」なら、No. だとストレートすぎるので、**I'm afraid not.**（残念ですができません）や **I'm sorry, but ~**（すみませんが、～＜理由＞です）といった言い方を使います。

Sure. や Of course. は明るい声で言いましょう。ぼそっと言うと、いやいや引き受けているニュアンスになりかねないので注意が必要です。

理解度チェック

以下を赤シートで隠し、日本語に合うように空欄を埋めて英語を読んでみましょう。音声も確認し、まねして発音してください。

1. ここに座ってもいいですか？

Can I sit here?

もちろん。／残念ですがだめなんです。すでに人がいます。

- Of course. / I'm afraid not. It's already taken.

2. もう家に帰ってもいいですよ。

You can go home now.

3. 手伝ってくれますか？

Can you help me?

もちろん。／すみませんが、今は忙しいです。

- Sure. / I'm sorry, but I'm busy right now.

4. お皿を洗ってくれますか？　いいですよ。

Can you wash the dishes? – OK.

残念ですができません。時間がないんです。

- I'm afraid I can't. I don't have time for that.

5. この手の消毒液を使ってもいいですよ。

You can use this hand sanitizer.

1.&2.「許可」。**3.&4.**「依頼」。**3.** right nowは「目下のところ」というニュアンス。**1.** I'm afraid not.は、I'm afraid you can't sit there.の省略。**4.** I'm afraid I can't.は、I'm afraid I can't wash the dishes.の省略です。I'm afraid not.でもOK。

さあ、クイックレスポンス！ 34

以下の日本語を素早く英語にしてください。

- [ ] **1.** 私の車を運転してもいいですよ。
- [ ] **2.** 今晩ここに泊まってもいいですよ。
  stay
- [ ] **3.** （部屋の）中に入ってもいいですか？
  come in
- [ ] **4.** 参加してもいいですか？　もちろん。
  join you
- [ ] **5.** お水をいただけますか？
- [ ] **6.** 質問してもいいですか？　もちろん。
- [ ] **7.** 電気を消してもらえますか？
  turn off
- [ ] **8.** コーヒーを入れてくれますか？　すみませんが、時間がありません。
- [ ] **9.** ＜電話で＞少し待ってくれますか？
  hold on a second
- [ ] **10.** 私の携帯にメールしてくれますか？　いいですよ。
  text me

1.~6.「許可」**7.~10.**「依頼」。**5.** Can I have ~?（~をいただけますか？）は、レストランでの注文やお店での買い物時に使える便利表現です。Can I have some water, please?とするとよりていねいになりま ↗

1回目 ／ 2回目 ／ 3回目 ／

☐ **1.** **You can drive my car.**

☐ **2.** **You can stay here tonight.**

☐ **3.** **Can I come in?**
カミィーン

☐ **4.** **Can I join you? – Sure.**

☐ **5.** **Can I have some water?**

☐ **6.** **Can I ask a question? – Of course.**

☐ **7.** **Can you turn off the light?**

☐ **8.** **Can you make coffee? – I'm sorry, but I don't have time.**

☐ **9.** **Can you hold on a second?**

☐ **10.** **Can you text me? – OK.**

↗ す。someは「ある程度の量」ということ。**7.** turn off ~で「(電気やテレビなど）を消す」。逆はturn on ~（～をつける)。

Lesson 17

疑問詞 What

何ができる？ |「何？　何を（している）？」と聞ける

疑問文には、Yes/Noで答えるタイプのものと、疑問詞を使って具体的な情報を聞き出すタイプのものがあります。

後者は聞きたい情報に応じてwhat（何？）、when（いつ？）、where（どこ？）などの疑問詞を使い分けます。まずは、「**あれは何？**」「**何をしている？**」**と尋ねる**what（**何？**）の疑問文から見ていきましょう。

作り方はシンプル。**疑問詞をいちばん前に置いて**尋ねたいことをはっきり示し、あとは**be動詞、一般動詞の疑問文の語順にする**だけです。

●be動詞:What is ~? / What are ~?

聞きたいことがいちばん前!

What is that? あれは何ですか？

– It's a department store.

それはデパートです。

●一般動詞の疑問文:What+do/doesの疑問文?

Do you recommend this book?

あなたはこの本を薦めますか？

What do you recommend?

何を薦めますか？⇒お薦めは何ですか？（薦める）

また、what color（何の色）やwhat day（何の日→何曜日）、what

time（何時）のように、後ろに名詞をつけて「何の～/どんな～」のようにも言うこともできます。

What color is your house?（あなたの家は何色ですか？）

理解度チェック

以下を赤シートで隠し、日本語に合うように空欄を埋めて英語を読んでみましょう。音声も確認し、まねして発音してください。

1. これは何ですか？　それはおやつです。
What is this? – It's a snack.

2. 今日は何曜日ですか？　月曜日です。
What day is it today? – It's Monday.

3. あなたのお父さんは何をしているのですか？
What does your father do?
彼は消防士です。
He's a fire fighter.

4. あなたのくつは何色ですか？　濃い茶色です。
What color are your shoes? – They're dark brown.

5. あなたは何時に起きますか？　7時頃起きます。
What time do you get up ? – I get up around 7(seven).

1. 会話では普通 What's this? と短縮形を使います。答えは通常 It's ~（それは～です）です。**3.** What do/does ~ do? は～（人）の職業を聞くときの定番表現です。

さあ、クイックレスポンス！ 36

以下の日本語を素早く英語にしてください。

☐ **1.** あれは何ですか？　新しいラーメン店です。

☐ **2.** 今、何時ですか？　10時半です。

☐ **3.** あなたのお仕事は何ですか？　銀行に勤めています。
work for

☐ **4.** あなたは会社ではどんな仕事をしていますか？

☐ **5.** あなたは健康のために何をしていますか？

☐ **6.** あなたは何を飲みますか？　日本のビールを飲みます。

☐ **7.** ＜レストランなどで＞ お薦めは何ですか？

☐ **8.** どの季節が好きですか？
season

☐ **9.** 彼女はどんな映画が好きですか？

☐ **10.** あなたは何時に寝ますか？

2. 日本語には「今」がありますが、英語では特に強調するとき以外、nowは必要ありません。Do you have the time?とも言えます。**3.** 後ろにfor a living（生活のために）が省略されています。work for ~で「～で働いている、～に勤めている」。**6.** 習慣 ↗

1回目 / 2回目 / 3回目 /

- [ ] **1. What's that? – It's a new ramen shop.**
- [ ] **2. What time is it? – It's 10:30(ten thirty).** (is it: イズィットゥ)
- [ ] **3. What do you do? – I work for a bank.**
- [ ] **4. What do you do at your company?** (at your: アッチョア)
- [ ] **5. What do you do for your health?** (health: ヘョス)
- [ ] **6. What do you drink? – I drink Japanese beer.**
- [ ] **7. What do you recommend?**
- [ ] **8. What season do you like?**
- [ ] **9. What movies does she like?**
- [ ] **10. What time do you go to bed?**

↗ で飲むお酒を尋ねる聞き方です。**9.** What kinds of movies does she like?でもOKです。**10.** go to bedで「寝る」です。

Lesson 18

疑問詞 Which

何ができる？｜「どちら？」「どれ？」と聞ける

「どちら？」「どれ？」と尋ねたい時は疑問詞の which を使います。What と同様、be動詞と一般動詞の疑問文を作ることができます。

上の場合、Which is/are ~?の ~ **を入れ替えて使う**と考えてください。mineは「私のもの」の意で、ここでは my bagを指します。これは所有代名詞と言い、次ページに全種類をまとめます。

● be動詞：Which is~?/Which are ~?

Which is your bag?
あなたのカバンはどちらですか？

– This one is mine. これが私のものです。

This one is mine. は This is mine.、This one is,、This one. のように省略できます。one は bagの繰り返しを避けるための代名詞です。

● 一般動詞の疑問文：Which+do/doesの疑問文？

Do you recommend this CD?
あなたはこのCDを薦めますか？

いちばん前に！

Which do you recommend?
薦める
どちらが薦めですか？

– I recommend both. どちらもお薦めです。

また、what同様、後ろに名詞をつけて言うこともできます。
Which umbrella is yours?（どのかさがあなたのものですか？）

私のもの	mine
あなたのもの	yours
彼のもの	his
彼女のもの	hers

私たちのもの	ours
あなたたちのもの	yours
彼らのもの	theirs

理解度チェック

以下を赤シートで隠し、日本語に合うように空欄を埋めて英語を読んでみましょう。音声も確認し、まねして発音してください。

1. どちらがあなたのカップですか？ これが私のものです。
Which is your cup? – This is mine.

2. どちらがあなたのものですか？　どちらも違います。
Which is yours? – Neither is mine.

3. どのスマホが彼女のものですか？ この青いやつです。
Which smartphone is hers? – This blue one.

4. あなたはどの駅を利用していますか？
Which station do you use?
私はJR大阪駅を利用しています。
I use JR Osaka station.

2. neitherは「どちらも～ない」という意味の代名詞で、notを使わずに否定できます。

さあ、クイックレスポンス！

以下の日本語を素早く英語にしてください。

- [ ] **1.** どちらが私のものですか？　こちらがあなたのです。
- [ ] **2.** どちらが彼女の傘ですか？　あちらが彼女のです。
- [ ] **3.** どちらが正しい (correct) ですか？
- [ ] **4.** どちらがあなたのお気に入り (favorite) ですか？
- [ ] **5.** どちらがあなたの車ですか？　右の (on the right) 白いやつです。
- [ ] **6.** どの女性があなたのお母さんですか？
- [ ] **7.** あなたはどのスマホが欲しいのですか？
- [ ] **8.** あなたはどのバスを毎日使っていますか？
- [ ] **9.** あなたは夏と冬の (summer or winter) どちらがより好き (like better) ですか？
- [ ] **10.** あなたはどのレストランを薦めますか？

4. on the right/left で「右／左側の」と言えます。
9. better は well や good の比較級で「よりよい」「さらに好ましい」という意味です。Which do you like better, A or B? で「あなたは A と B のどちらが（より） ↗

1回目 ／ 2回目 ／ 3回目 ／

- ☐ **1. Which is mine? – This one is yours.**
  ウイッチィズ
- ☐ **2. Which is her umbrella? – That one is hers.**
- ☐ **3. Which is correct?**
- ☐ **4. Which is your favorite?**
- ☐ **5. Which is your car? – The white one on the right.**
  ウワイ_ワン
- ☐ **6. Which woman is your mother?**
- ☐ **7. Which smartphone do you want?**
- ☐ **8. Which bus do you use every day?**
- ☐ **9. Which do you like better, summer or winter?**
- ☐ **10. Which restaurant do you recommend?**

↗ 好きですか?」と相手の好みを尋ねることができます。比較級については『中2英語をおさらいして話せるようになる本』(p. 110) を参照してください。

Lesson 19
疑問詞 Who

何ができる？ |「誰？」と聞ける

「誰？」と尋ねたいときは疑問詞のwhoを使います。

●be動詞:Who is ~?/Who are ~?

Who is that girl?
あの少女は誰ですか？

– She's my daughter.
彼女は私の娘です。

上の場合、Who is/are ~?の **~を入れ替えて使う**と考えてください。

●一般動詞 1:Who+do/doesの疑問文…？

Who do you like? あなたは誰が好きですか？

なお、「誰が～するのですか？」と**主語が誰なのかを聞きたいときは、whoを主語にして疑問文を作る**ことができます。その場合、whoは3人称単数なので、動詞に3単現のsが必要です。この場合doやdoesは不要になります。

●一般動詞 2:Who+一般動詞…？

Who lives there? 誰がそこに住んでいますか？

– Mr. Jackson (does). ジャクソンさんです。

答えのdoesはlivesの繰り返しを避けるためです。省略可能です。

理解度チェック

以下を赤シートで隠し、日本語に合うように空欄を埋めて英語を読んでみましょう。音声も確認し、まねして発音してください。

1. 彼は誰ですか？　彼はアツシです。
Who is he? – He's Atsushi.

2. あの女性は誰ですか？　彼女は私の上司です。
Who is that woman? – She's my boss.

3. 彼女たちは誰ですか？　彼女たちは客室乗務員です。
Who are they? – They're flight attendants.

4. あなたは誰とコンサートに行くのですか？
Who do you go to concerts with?
サムとナオミです。
(I go with) Sam and Naomi.

5. 誰が英語を話しますか？　タダシです。
Who speaks English? – Tadashi (does).

4.「～と」にあたるwithを忘れずに。ちなみに、Who goes to concerts with you?と「誰が?」と聞く場合、答えはSam and Naomi do.となります。ただ、doは省略可。

さあ、クイックレスポンス！ 40

以下の日本語を素早く英語にしてください。

☐ **1.** 彼女は誰ですか？　私の姉です。

☐ **2.** あの男性は誰ですか？　うちの社長です。
　　president

☐ **3.** ＜ドアの向こう側の人に＞ どなたですか？

☐ **4.** これらの人々は誰ですか？

☐ **5.** 誰が彼女を知っていますか？　マイクです。

☐ **6.** 誰がインスタをやっていますか？

☐ **7.** お宅では誰が部屋の掃除をするのですか？
　　at home

☐ **8.** 誰がエクセルを教えることができますか？

☐ **9.** 誰が在宅勤務できますか？

☐ **10.** 誰が私と一緒に行け（来られ）ますか？

3. この **it** は、近く（this）、遠く（that）を指すものとは違い、話し手の頭の中にある「状況」を指しています。ここでは「ドア越しでドアベルを鳴らした」という「状況」のこと。Who are you?と言うと「あんた誰?」という ↗

1回目 ／　2回目 ／　3回目 ／

- [ ] **1.** **Who is she? – She's my sister.**
- [ ] **2.** **Who is that man? – He's our president.**
- [ ] **3.** **Who is it?**
- [ ] **4.** **Who are these people?**
- [ ] **5.** **Who knows her? – Mike does.**
- [ ] **6.** **Who uses Instagram?**
- [ ] **7.** **Who cleans the rooms at home?**
- [ ] **8.** **Who can teach Excel?**
- [ ] **9.** **Who can work from home?**
- [ ] **10.** **Who can come with me?**

↗ ぞんざいなニュアンスになってしまうので注意が必要です。**5.~7.** 3単現の「s」を忘れずに。**10.** 自分と「一緒に来られるか」を聞いているのでgoではなく、comeが自然です。

Lesson 20
疑問詞 When

何ができる？ ｜「いつ？」と聞ける

「時間」や「日付」など、「いつ？」と尋ねたいときは、疑問詞の when を使います。

whatと同様、be動詞を使ったタイプと、一般動詞を使ったタイプの疑問文があります。作り方も whatと同じです。

● be動詞：When is ～？

When is the party? そのパーティーはいつですか？

– It's September 1. それは9月1日です。

上の場合、When is/are ~?の **~を入れ替えて使う**と考えてください。
答えるときは、日時になるので、**It'sで始め**ます。

● 一般動詞：When+do/doesの疑問文？

Do you do karate every weekend?
あなたは毎週末カラテをしますか？

When do you do karate?
あなたはいつ空手をしますか？

– I do it every weekend.
私は毎週末空手をしてます。

答えるときは、I do it every weekend.のように、karateを繰り返すのを避けるため、**代名詞の itで置き換え**ます。

What time ~?が具体的な時刻を尋ねているのに対し、When ~?はもう少し漠然とした時間を尋ねています。

理解度チェック

以下を赤シートで隠し、日本語に合うように空欄を埋めて英語を読んでみましょう。音声も確認し、まねして発音してください。

1. あなたの誕生日はいつですか？　3月12日です。
When is your birthday ? – It's March 12.

2. 次の電車はいつですか？　12時半です。
When is the next train? – It's twelve thirty.

3. 会議はいつですか？　明日の午後です。
When is the meeting? – It's tomorrow afternoon.

4. 私たちはいつ彼に会うことができますか？
When can we see him ?
来週の金曜日に会えます。
– We can see him next Friday.

5. あなたはいつテレビを見ますか？　普段テレビは見ません。
When do you watch TV? – I don't usually watch TV.

1. 日付は序数(p. 168参照)を使います。12(twelfth)の発音は「トゥウェェゥス」という感じで。**1.&2.** on March 12、at twelve thirtyでもOKですが、会話ではよく省略されます。**5.** usuallyは一般動詞の前。don'tの後ろが自然です。

さあ、クイックレスポンス！ 42

以下の日本語を素早く英語にしてください。

※I、Theyは短縮形を使いましょう。

- [ ] **1.** あなたのお父さんの誕生日はいつですか？　5月5日です。
- [ ] **2.** 次のZoom会議はいつですか？　次の火曜日です。
- [ ] **3.** 締め切り（deadline）はいつですか？　月末です。
- [ ] **4.** ロックフェスティバルはいつですか？
- [ ] **5.** あなたの給料日（payday）はいつですか？
- [ ] **6.** あなたの夏休み（summer vacation）はいつですか？
- [ ] **7.** あなたはいつドラマを観ますか？　毎晩8時頃です。
- [ ] **8.** コンサートはいつ始まりますか？
- [ ] **9.** 彼らはいつこの部屋を使いますか？
- [ ] **10.** 今度あなたにはいつ会えますか？

1. fifthの発音は難しいので音声を聞いて練習してみてください。**3.** the end of the ~は「～の最後、末」という意味で、～にday（1日）、month（月）、year（年）などを入れて使えます。**8.** beginはstartでも↗

1回目 ／　2回目 ／　3回目 ／

- [ ] **1.** When is your father's birthday? – It's May 5 (fifth).
- [ ] **2.** When is the next Zoom meeting? – It's next Tuesday.
- [ ] **3.** When is the deadline? – It's the end of the month.
- [ ] **4.** When is the rock festival?
- [ ] **5.** When is your payday?
- [ ] **6.** When is your summer vacation?
- [ ] **7.** When do you watch dramas? – Every night around 8(eight).
- [ ] **8.** When does the concert begin?
- [ ] **9.** When do they use this room?
- [ ] **10.** When can I see you again?

↗ OKです。**10.**「今度」は「再び、また」ということなのでagainを最後に添えます。

Lesson 21

疑問詞 Where

何ができる？ |「どこ？」と聞ける

「どこ？」と「場所」を尋ねたいときは疑問詞のwhereを使います。

whatと同様、be動詞を使ったタイプと、一般動詞を使ったタイプの疑問文があります。作り方もwhatと同じです。

● be動詞：Where is ~/Where are ~？

Where is the pharmacy? 薬局はどこですか？

– It's next to the department store.

デパートの隣です。

上の場合、Where is/are ~?の **~を入れ替えて使う**と考えればいいでしょう。「どこ？」に対する答えには、next to ~（～の隣）のように場所を示す前置詞のかたまりや、副詞が必要になります。

● 一般動詞：Where+do/doesの疑問文？

Where do you live?

あなたはどこに住んでいますか？

– I live in Funabashi, in Chiba.

私は千葉の船橋に住んでいます。

上の文だと、in Funabashiという場所を表す部分がwhereに置き換わっています。答えるときは in Funabashi, in Chiba.のように、場所を表す前置詞を忘れないようにしてください。疑問文にinがないのはwhereの中に意味が含まれているからです。

理解度チェック

以下を赤シートで隠し、日本語に合うように空欄を埋めて英語を読んでみましょう。音声も確認し、まねして発音してください。

1. お手洗いはどこですか？ → **Where is the restroom?**
   それは角にあります。 → **It's in the corner.**

2. 彼女は今どこにいますか？ → **Where is she now?**
   さあ、わかりません。 → **Well, I don't know.**

3. 出身はどちらですか？ → **Where are you from?**
   私は青森の出身です。 → **I'm from Aomori.**

4. このバスはどこへ行きますか？
   Where does this bus go?
   それは品川に行きます。
   It goes to Shinagawa.

5. どこで支払いをすることができますか？
   Where can I pay?
   ここでお支払いできます。
   You can pay here.

2. wellは「うーん」「えーっと」と言いよどむときの表現で、時間を稼ぐときにも使えます。I don't know. はカジュアルな表現。言い方にもよりますが、つっけんどんに聞こえることも。少していねいにするには、I'm not sure.（よくわかりません）を使いましょう。

さあ、クイックレスポンス！ 44

以下の日本語を素早く英語にしてください。

- [ ] **1.** ルーシーはどこの出身ですか？
- [ ] **2.** ＜電話で＞あなたは今どこにいますか？
- [ ] **3.** ＜飛行機や劇場などで＞ 48B（の座席）はどこですか？
- [ ] **4.** ここはどこですか？（私はどこにいますか？と、考えて）
- [ ] **5.** 彼はどこに住んでいますか？　三鷹市です。
- [ ] **6.** ジムはどこで働いているのですか？
- [ ] **7.** あなたはお昼をどこで食べますか？
- [ ] **8.** あなたはどこで電車を乗り換えますか？
  （電車を乗り換え：change trains）
- [ ] **9.** 私はどこでタクシーを拾うことができますか？
  （タクシーを拾う：get a taxi）
- [ ] **10.** 私はどこで切符を買うことができますか？
  （切符：tickets）

4. 自分がどこにいるかわからないときに使える表現。Where is here? は×。**7.** eat は have でも OK。**8.** 乗り換えは電車が2台なので複数形の trains にします。

1回目 ／　2回目 ／　3回目 ／

☐ **1. Where is Lucy from?**

☐ **2. Where are you now?**

☐ **3. Where is 48 (forty-eight) B?**

☐ **4. Where am I?**

☐ **5. Where does he live? – He lives in Mitaka city.**

☐ **6. Where does Jim work?**

☐ **7. Where do you eat your lunch?**

☐ **8. Where do you change trains?**
チェィンジ

☐ **9. Where can I get a taxi?**
タクスィ

☐ **10. Where can I buy tickets?**
ティケッツ

Lesson 22

疑問詞 How

何ができる？ | 「どう？」「どうやって？」と聞ける

「どう？」「どうやって？」と尋ねたいときは疑問詞の how を使います。

●be動詞：How is/are ～？

How is your cat?
あなたの猫の調子はどう？
– She is fine. 元気です。

●一般動詞：How+do/doesの疑問文？

How do you get there?
（そこへはどうやって行くのですか？）

howは、後ろに long（長い）、old（～歳の）などの形容詞や、fast（速い）、often（しばしば）などの副詞をつけて、「程度」を尋ねることができます。

How old is she?（彼女は何歳ですか？）

How often do you visit Kyoto?（あなたはどれくらいの頻度で京都を訪れますか？）

また、How many ＋**名詞**（複数）とすると「いくつの～」と人やものの数を、How much ＋**名詞**とすると「どれくらいの量の～」と量を尋ねることもできます。

How many brothers do you have?（あなたには何人の兄弟がいますか？）

How much water do you want?（あなたはどれくらいの水が欲しいですか？）

理解度チェック

以下を赤シートで隠し、日本語に合うように空欄を埋めて英語を読んでみましょう。音声も確認し、まねして発音してください。

1. 仕事はどうですか？ ➡ **How is business?**

2. お元気ですか？ ➡ **How are you?**

3. ご両親は元気ですか？ ➡ **How are your parents?**

4. 彼はこれをどう料理しますか？
How does he cook this?

5. あなたの新しいシャツはいかがですか？
How do you like your new shirt?

6. あの橋はどれくらいの長さですか？
How long is that bridge?

7. あなたは犬を何匹飼ってますか？
How many dogs do you have?

8. それはいくらですか？
How much is that?

2. How are you? はややフォーマルですが、あいさつの定番表現。返答の仕方はいろいろありますが、I'm good.（元気です）が簡潔で便利です。**5.** How do you like ~? は「～はどう?、気に入っている?」と感想を聞く表現。**8.** How much ~? は値段を尋ねるときの決まり文句。

さあ、クイックレスポンス！

以下の日本語を素早く英語にしてください。

※ How isはHow'sと短縮形を使いましょう。

- ☐ **1.** あなたの猫（の体調）はどうですか？　元気です、ありがとう。
- ☐ **2.** あなたの新しい仕事はどうですか？
- ☐ **3.** あなたの新しい車はいかがですか？
- ☐ **4.** 調子はどうですか？（everythingを使って）
- ☐ **5.** 私はどうやってその情報を手に入れることができますか？（その情報を手に入れる：get the information）
- ☐ **6.** その部屋はどれくらいの大きさですか？（大き：large）
- ☐ **7.** あなたの会社はできて何年ですか？（あなたの会社は何歳か？と考えて）
- ☐ **8.** あなたはどれくらいの頻度で外食しますか？（外食：eat out）
- ☐ **9.** あなたの兄弟姉妹は何人いますか？（兄弟姉妹：brothers and sisters）
- ☐ **10.** あなたは今いくら持っていますか？

1. How's yourの発音は「ハウジョア」または「ハウジャ」のようになります。**4.** カジュアルなあいさつ表現。飲食店では食事中の客に対して「食事はどうですか?」の意味でも使われる。

1回目 / 2回目 / 3回目 /

- [ ] 1. How's your cat? – She's fine, thank you.
- [ ] 2. How's your new job?
- [ ] 3. How do you like your new car?
- [ ] 4. How's everything?
- [ ] 5. How can I get the information?
- [ ] 6. How large is the room?
- [ ] 7. How old is your company?
- [ ] 8. How often do you eat out?
- [ ] 9. How many brothers and sisters do you have?
- [ ] 10. How much money do you have now?

シャッフル・クイックレスポンス ③

47

Lesson 15 ～ 22 からランダムに 10 問、選び出しました。
以下の日本語を素早く英語にしてください。

☐ **1.** 聞こえますか？ はい。はっきり聞こえます。

☐ **2.** お水をいただけますか？

☐ **3.** 私の携帯にメールしてくれますか？　いいですよ。

☐ **4.** あなたは健康のために何をしていますか？

☐ **5.** どちらがあなたの車ですか？　右の白いやつです。

☐ **6.** あなたはどのレストランを薦めますか？

☐ **7.** 誰がエクセルを教えることができますか？

☐ **8.** 締め切りはいつですか？　月末です。

☐ **9.** 私はどこでタクシーを拾うことができますか？

☐ **10.** あなたの新しい仕事はどうですか？

1回目 ／　2回目 ／　3回目 ／

- [ ] **1. Can you hear me? – Yes. I can hear you clearly.** (p. 077)
- [ ] **2. Can I have some water?** (p. 081)
- [ ] **3. Can you text me? – OK.** (p. 081)
- [ ] **4. What do you do for your health?** (p. 085)
- [ ] **5. Which is your car? – The white one on the right.** (p. 089)
- [ ] **6. Which restaurant do you recommend?** (p. 089)
- [ ] **7. Who can teach Excel?** (p. 093)
- [ ] **8. When is the deadline? – It's the end of the month.** (p. 097)
- [ ] **9. Where can I get a taxi?** (p. 101)
- [ ] **10. How's your new job?** (p. 105)

どうでしたか？　素早く英語に変換できましたか？
うまく変換できない苦手な文法があったら、
当該ページに戻って復習してください。

Lesson 23
名詞と複数形

何ができる？ | 単数と複数の使い分けができる

英語は数にとてもこだわる言語です。名詞が１人・１つ（単数）か、２人・２つ以上（複数）なのかを、はっきりと区別します。

単数のときは、名詞の前に a または an（１つの）をつけます。dog（犬）なら a dog（１匹の犬）になります。**複数のときは複数を表す「s」**を名詞の後ろにつけて、three dogs（３匹の犬）のようにします。

複数のとき s をつけるだけでない名詞もいくつかあります。

① **esをつける名詞** （語尾が x、ch、sh、s）	box（箱）→ boxes sandwich（サンドイッチ）→ sandwiches bus（バス）→ buses
② **yを i に変えてから esをつける名詞**	family（家族）→ families city（都市）→ cities
③ **特別な変化をする名詞**	man（男性）→ men woman（女性）→ women child（子供）→ children fish（魚）→ fish ← **単複同形!**

なお、（×）a my dog や（×）a the dog のように、a は代名詞や the と一緒に使えないので、どちらかにしましょう。

water（水）や air（空気）など決まった形のないものや、love や music などの抽象的なものは数えられず、複数形にしません（p. 112 参照）。

理解度チェック

以下を赤シートで隠し、日本語に合うように空欄に適切な語を入れて読んでみましょう。音声も確認し、まねして発音してください。

1. 私はアシスタントです。
I'm an assistant.

2. これらは引っ越し用の箱です。
These are boxes for moving.

3. 私にアイデアがあります。
I have an idea.

4. 今日はいい天気です。
It's a nice day today.

5. あなたはあれらの女性を知ってますか？
Do you know those women?

6. サンドイッチ２つください。
Two sandwiches, please.

7. このイベントにはたくさんの家族が参加します。
Many families attend this event.

1. an assistantは「アナスィスタン」のように発音します。**3.** この ideaは1つ、2つと数えられる名詞なので、anが必要です。**4.** nice day（天気のいい日）は数えられます。

さあ、クイックレスポンス！ 49

以下の日本語を素早く英語にしてください。

□ **1.** 彼女はエンジニアです。

□ **2.** 彼らは私の親しい友人です。

□ **3.** ご両親はボストン出身ですか？

□ **4.** サムは青い目をしています。

□ **5.** あなたは猫が好きですか？

□ **6.** これらのサンドイッチはあなたのですか？

□ **7.** 福岡は日本の大都市の１つです。
one of the ~

□ **8.** あなたはこれらの男性を知っていますか？

□ **9.** 彼女にはお子さんが何人いますか？

□ **10.** あなたは１日にどれくらいの水を飲みますか？

1. engineerはneerの部分を強く発音。**2.** 主語がTheyと複数なのでfriendも複数形にするのを忘れずに。**3.** 両親は２人なので複数形にします **4.** ペアになっているものは複数形で使います。ほかにshoes（く↗

1回目 ／ 2回目 ／ 3回目 ／

- [ ] 1. She's an engineer.
- [ ] 2. They're my close friends.
- [ ] 3. Are your parents from Boston?
- [ ] 4. Sam has blue eyes.
- [ ] 5. Do you like cats?
- [ ] 6. Are these sandwiches yours?
- [ ] 7. Fukuoka is one of the big cities (スィティーズ) in Japan.
- [ ] 8. Do you know these men?
- [ ] 9. How many children does she have?
- [ ] 10. How much water do you drink a day?

↗ つ)、glasses（メガネ）、scissors（ハサミ）など。**5.** a catにすると「1匹の猫が好き」となるので不自然です。また、catと何も冠詞をつけないと「猫の肉」という意味になってしまうので要注意！

今さら聞けない!? 基本のき

❸ 数えられる名詞と数えられない名詞

英語は数にこだわる言葉なので、名詞を「数えられるもの」と「数えられないもの」に分けます。

その基準は**「はっきりとした形（輪郭）があるかどうか」**です。例えばbook（本）ははっきりした形がありますね。そして、「単数」なら、その前にa（an）を、「複数」なら名詞の最後にs（es、ies）をつけます。

一方、以下の「数えられない名詞」は、はっきりした形がありません。

① 形がイメージできない
water（水）、coffee（コーヒー）、air（空気）、money（お金）、rain（雨）など

② 抽象的で、目に見えない
love（愛）、happiness（幸福）、information（情報）、music（音楽）など

これらは、数えられないので名詞の前には何もつけません。a water（✖）やwaters（✖）、a love（✖）やloves（✖）とは原則言えません。

なお、「たくさんの～」と言いたい場合は、「数えられる名詞」の前にはmanyを、「数えられない名詞」の前にはmuchをつけます。
many books（たくさんの本）　much water（たくさんの水）

a lot ofも「たくさんの」という意味で、これは数えられるかどうかを気にせず、bookにもwaterにも使えるので便利です。

❹ なぜ冠詞（a、the）が必要なのか？

英語で冠詞をつけるのは、名詞がどういうものかを相手に伝えるためです。まず、a（an）の場合は、以下のことを示します。

①「数えられるもの」で「1つ・1人」
a book（1冊の本）、a student（1人の学生）
②「いくつかある中から、とりあえずこれと定めずに1つを取り出したもの」
I want a new smartphone.（**特定のスマホに定めず、とりあえず**新しいスマホが欲しい、という意味）　※a、anは特定しないから「不定冠詞」と言う

そして、theの場合は、以下のことを示します。

①「すでに話に出てきた、相手も何のことだかわかるもの」
the student（**あなたも知っている、ほら、あの学生**）
I want **the** smartphone.（**さっき話題に登った、**そのスマホが欲しい）
②「状況や常識から何を指しているかわかるもの」
Can you close **the** door?（**お互いが認識しているその**ドアを閉めて、という意味）　※逆にtheは特定するので「定冠詞」という

学校で、the earth（地球）のように「この世に1つしか存在しないものにはtheをつける」と習いましたよね？　これも「常識から何を指しているかわかる」から。「地球」と言えば、誰もが同じものを頭に浮かべ、「あれのこと」と1つに特定できるのでtheをつけるというわけです。

Lesson 24
someとany

何ができる？｜漠然とした数量を表せる

英語で**「いくつか」「いくらか」といった漠然とした数や量を表したいときには、**someが便利です。名詞の前に置いて、数えられる・数えられない名詞の両方で使えます。

● 数えられる名詞

I want some cookies. クッキーが（何枚か）欲しい。

具体的な枚数でなくぼんやりした「数」を頭に描いている。
名詞は複数形に。

● 数えられない名詞

I want some water. 水が（いくらか）欲しい。

具体的ではなく、ぼんやりとした「量」で、常識や文脈から
そのとき必要とされる量を推測する。飲む目的なら、ひと1人が飲める量。

疑問文ではsomeをanyに置き換えることが多いのですが、**anyは「あるかどうかわからない」**ときに使います。**「いくらかある」のが前提の場合はsomeが使えます。**

not ~ any**と否定文で使うと「1つもない」**という意味になります。

Do you have any questions?
何か質問はありますか？【有無が不明】

Can I have some water?
（いくらか）水をもらえますか？【ある前提】

I don't have any money now.
私は今お金を一銭も持っていません。

理解度チェック

以下を赤シートで隠し、日本語に合うように空欄に適切な語を入れて読んでみましょう。音声も確認し、まねして発音してください。

1. 私はチョコレートが欲しいです。
I want some chocolate.

2. 何か予定はありますか？(有無が不明なとき)
Do you have any plans?

3. 私には女性の友達が1人もいません。
I don't have any female friends.

4. 彼はアルコールをまったく飲みません。
He doesn't drink any alcohol.

5. コーヒーをもらえますか？
Can I have some coffee?

1. このチョコレートは形ではなく素材をイメージしています。**3.&4.** notとanyを一緒に使うと「1つもない・1人もいない」つまり「まったくない、いない=ゼロ」となります。**3.** はI have no female friends.と言うこともできます。

さあ、クイックレスポンス！ 51

以下の日本語を素早く英語にしてください。

☐ **1.** 彼らは犬を何匹か飼っています。

☐ **2.** 私は何件かいいレストランを知っています。

☐ **3.** あなたはオレンジジュースが欲しいですか？　はい、お願いします。

☐ **4.** 私はビールを飲みます。

☐ **5.** 私は毎朝コーヒーを入れます。

☐ **6.** 何か問題はありますか？（有無が不明）

☐ **7.** あなたは何か習い事（lesson）をしていますか？（有無が不明）

☐ **8.** <レストランなどで> お水をいただけますか？

☐ **9.** マリはどのスポーツも好きではありません。

☐ **10.** 私は、ご飯はまったくいりません。

3.～5.「量」を意識した言い方。Do you want orange juice? や I make coffee. だと「種類」に意識が向いていて、「ほかのジュースでなく、オレンジジュース」「紅茶でもお茶でもなく、コーヒー」というニュ↗

1回目 ／　2回目 ／　3回目 ／

- [ ] **1. They have some dogs.**
- [ ] **2. I know some good restaurants.**
- [ ] **3. Do you want some orange juice? – Yes, please.**
- [ ] **4. I drink some beer.** (beer: ビィア)
- [ ] **5. I make some coffee every morning.** (coffee: カァーフィ)
- [ ] **6. Do you have any problems?**
- [ ] **7. Do you take any lessons?**
- [ ] **8. Can I have some water, please?**
- [ ] **9. Mari doesn't like any sports.**
- [ ] **10. I don't want any rice.**

↗ アンスに。**6.&7.**「何でもいいので」というニュアンス。
8. この someは人が飲める程度の量のこと。レストランなどでは pleaseをつけたほうがていねいになるので、お勧めです。

Lesson 25

命令文

何ができる？ | 指示が出せる

Come in.（[部屋などに]入りなさい）、Hurry up.（急ぎなさい）のように、動詞の原形から始める文を「命令文」と言います。面と向かった相手に**「～しなさい」「～して」と指示を出す文**になります。

(You) come in. の You がとれた形ですが、指示する相手は You に決まっているので省略しています。文末や文頭に please（どうぞ）をつけると、命令調が少しやわらいで「どうぞ～してください」となりますが、指示・命令には変わりがないので、親しい人以外に使う場合は注意が必要です。

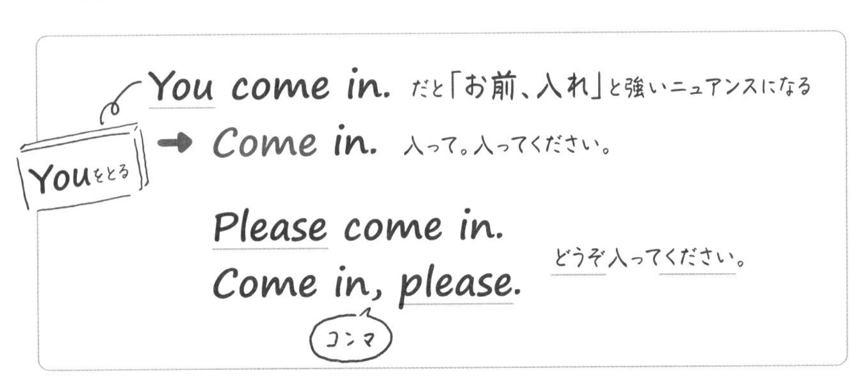

be 動詞を使った命令文は、be 動詞の原形である be で始めます。

命令文は、日常会話で頻繁に使われます。**口調や場面にもより**ますが、友人や家族、同僚などに「指示」として使う場合は**失礼にあたりません。**

また、席を勧めるときの Have a seat.（座ってください）は、「提案」のため失礼にならず、ビジネスの場面でも問題なく使えます。

理解度チェック

以下を赤シートで隠し、日本語に合うように空欄を埋めて読んでみましょう。音声も確認し、まねして発音してください。

1. こっちへ来て。➡ **Come here.**

2. 電話して。➡ **Call** me.

3. 彼女の言うことを聞いて。
Listen to her.

4. もっと大きい声で話してください。
Please speak louder.

5. 彼らには優しくしなさい。
Be nice to them.

6. 気をつけて。
Be careful.

7. (男の子やオスのペットに)いい子にしてなさい。
Be a good boy.

8. よい一日を(過ごしてね)。
Have a nice day.

4.「指示」というより「依頼」です。電話やウェブ会議でも使われます。louderはloudの比較級で「より大きく」の意。**8.** 別れ際のあいさつの定番表現。これは「指示」というより「願望」になるので誰にでも使えます。

さあ、クイックレスポンス！ 53

以下の日本語を素早く英語にしてください。

- □ **1.** こっちへ来てください。
- □ **2.** あとで電話して。（あとで：later）
- □ **3.** 急ぎなさい（急いで）！
- □ **4.** ちょっと待って（ください）。
- □ **5.** 7時までにそこにいて。（までに：by）
- □ **6.** 静かにしてください。
- □ **7.** 座ってください。
- □ **8.** 気をつけてください。
- □ **9.** 楽しい時を（過ごしてね）。（楽しい時を：good time）
- □ **10.** 紅茶をどうぞ。

4. Hold on a second. は電話だと「そのままお待ちください」。**7.**「提案」でていねいな表現です。Sit down. は「座って」という指示になるので使用場面に注意が必要。**9.** あいさつ表現で「願望」を表しています。↗

1回目 / 2回目 / 3回目 /

- [ ] **1.** **Please come here.**
- [ ] **2.** **Call me later.** (later: レイラー)
- [ ] **3.** **Hurry up!**
- [ ] **4.** **Wait a minute. / Hold on a second.** (Wait a: ウェイラ)
- [ ] **5.** **Be there by 7(seven).**
- [ ] **6.** **Please be quiet.**
- [ ] **7.** **Have a seat.**
- [ ] **8.** **Be careful, please.**
- [ ] **9.** **Have a good time.**
- [ ] **10.** **Have some tea.**

↗ ほかにもTake care.（体に気をつけて、じゃあね）、see you.（じゃあ、またね）などもあいさつの定番です。**10.** これは「勧誘」なので失礼ではありません。someは相手が飲めそうな量を表します。

Lesson 26

Don'tとLet's

何ができる？｜「～しないで」「～しましょう」と言える

相手に「～しないで」「～してはいけません」と「やめてほしいこと」や「禁止」を伝えたいときは、**命令文の前にDon'tを置き**ます。

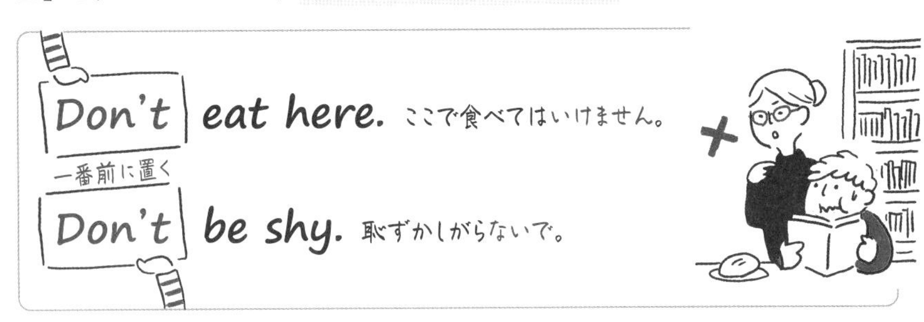

Don't eat here. ここで食べてはいけません。
一番前に置く
Don't be shy. 恥ずかしがらないで。

表現を少しやわらげて「～しないでください」と言いたいときは、文頭や文末にpleaseをつけます。ただし、あくまでも「指示」なので、ていねいになるわけではない点に気をつけましょう。

Please don't walk too fast.（そんなに速く歩かないでください）

また、「～しましょう」と積極的に相手を誘ったり、提案したりしたいときは、**命令文の前にLet'sを置き**ます。

一番前に置く
Let's go home. 家に帰りましょう。

なお、Don'tとLet'sの後ろは命令文なので、必ず動詞の原形がくることを忘れないようにしましょう。

Don't shy.（× beがない）→ Don't be shy.

Let's singing.（× singingが動詞の原形じゃない）→ Let's sing.

理解度チェック

以下を赤シートで隠し、日本語に合うように空欄を埋めて読んでみましょう。音声も確認し、まねして発音してください。

1. 心配しないで。➡ **Don't worry.**

2. 怖がらないで。➡ **Don't be afraid.**

3. うるさくしないでください。
Please don't be noisy.

4. その窓を開けてはいけません。
Don't open the window.

5. (さあ、)行きましょう。
Let's go.

6. 散歩をしましょう。
Let's take a walk.

7. それについて話しましょう。
Let's talk about it.

8. 今日は外出はやめておきましょう。
Let's not go out today.

3. Don't be noisy, please.も可。**5.**「出かけましょう」「出発しよう」と言うときにも使えます。**8.** Let's not ~とすれば「~するのはやめておきましょう」と言えます。notの位置に注意。

さあ、クイックレスポンス！ 55

以下の日本語を素早く英語にしてください。

☐ **1.** 遅刻しないで。
be late

☐ **2.** それについては心配しないで。

☐ **3.** 今その窓は開けないで。

☐ **4.** ここで飲食するのはやめてください。
eat and drink

☐ **5.** ネガティブにならないで。

☐ **6.** 海に行きましょう。
go to the beach

☐ **7.** 会議を始めましょう。

☐ **8.** それについてはあとで話しましょう。

☐ **9.** 休憩しましょう。
take a break

☐ **10.** 今晩は外食はやめておきましょう。

1. Let's not be late. なら「遅れないようにしよう」。**4.** Don't eat and drink here, please. も可。**6.** (×) go to the sea（沖に出る）とは言わないので注意です。「映画に行く」なら go to the movie、「銀 ↗

1回目 ／　2回目 ／　3回目 ／

- [ ] **1. Don't be late.**
  ドウン(トゥ)
- [ ] **2. Don't worry about that.**
- [ ] **3. Don't open the window now.**
- [ ] **4. Please don't eat and drink here.**
- [ ] **5. Don't be negative.**
- [ ] **6. Let's go to the beach.**
- [ ] **7. Let's start the meeting.**
- [ ] **8. Let's talk about it later.**
  トーカバゥリッ
- [ ] **9. Let's take a break.**
- [ ] **10. Let's not eat out tonight.**

↗ 行に行く」なら go to the bank。**7.** start は begin でも同じ。「始めましょう」は Let's get started. という、より慣用的な言い方もよく使われます。

Lesson 27

現在進行形の基本

何ができる？ |「～しているところ」と言える

I watch TV.（私はテレビを見ます）は、「テレビを見る」という行為を普段、繰り返し「習慣」として行っていることを表します。しかし、「今現在テレビを**見ているところ（最中）**です」という「一時的」な意味は表せません。

「**（今）～しているところ（最中）です**」と言いたいときは、I am watching TV. のように動詞の部分を＜ **be動詞（am/are/is）＋動詞のing形**＞にします。~ingは動詞の原形にingをつけます。

I watch TV. 私はテレビを見ます。（普段の習慣）
現在形
I am watching TV. 私はテレビを見ているところです。
現在進行形　普通は I'm watching ~

be動詞は主語に合わせて使い分けます。以下は非常によくある間違いです。**必ずbe動詞と ~ingはセットで使う**ようにしましょう。

（×）She playing the piano. →（○）She's playing the piano.

また、like（好きである）やknow（知っている）のような「動作」ではなく「状態」を表す動詞は原則進行形にはしません。

（×）I'm knowing her. →（○）I know her.（私は彼女を知っている）

ing形の作り方は、play→play**ing**のようにingを足すだけですが、以下のように違う作り方をする動詞も少しあります。

① 最後のeをとってingを足す
make → making、use → using、
write → writing、have → having

② 最後の文字を重ねてから ingを足す

run → running、swim → swimming、
sit → sitting

理解度チェック

●以下を赤シートで隠し、次の動詞の ing形をノートに書きましょう。

1. **run**（走る）→ **running**
2. **study**（勉強する）→ **studying**
3. **make**（作る）→ **making**
4. **swim**（泳ぐ）→ **swimming**

●以下を赤シートで隠し、日本語に合うように空欄を埋めて読んでみましょう。音声も確認し、まねして発音してください。

1. 私はミステリーを読んでいるところです。
I'm reading a mystery.

2. 彼はコーヒーを入れているところです。
He's making coffee.

3. 彼女はYouTubeを見ているところです。
She's watching YouTube.

4. 彼らは公園の周りを走っているところです。
They're running around the park.

さあ、クイックレスポンス！ 57

以下の日本語を素早く英語にしてください。

- ☐ **1.** 彼女は本を読んでいます。
- ☐ **2.** 彼らはテレビを見ています。
- ☐ **3.** 私はスーパーに行くところです。
- ☐ **4.** 私たちはバスを待っているところです。
  待って：wait for ~
- ☐ **5.** 雨が激しく降っています。
- ☐ **6.** 私の母はお茶を入れています。
  お茶：green tea
- ☐ **7.** ＜お店で＞ 私は見ているだけです。
  だけ：just
- ☐ **8.** 私はお昼を食べているところです。
- ☐ **9.** タナカさんはメールを書いています。
  メールを書いて：write an email
- ☐ **10.** 彼はシャワーを浴びています。

6.「量」ではなく「種類」を意識しているので some はいりません。**7.** 店員に May I help you? などと声をかけられたときに使えます。**8.** having は eating でも OK。なお、「食べる」という意味の have は「動作」↗

1回目 ／ 2回目 ／ 3回目 ／

☐ **1. She's reading a book.**

☐ **2. They're watching TV.**

☐ **3. I'm going to the supermarket.**
スゥーパァマーキッ

☐ **4. We're waiting for the bus.**

☐ **5. It's raining hard.**

☐ **6. My mother is making green tea.**

☐ **7. I'm just looking.**

☐ **8. I'm having lunch.**

☐ **9. Mr. Tanaka is writing an email.**
イーメィォ

☐ **10. He's taking a shower.**

↗ なので進行形にできます。ただし、「犬を飼っています」は「状態」なのでWe're having a dog. は×。We have a dog. です。

Lesson 28

現在進行形の否定文・疑問文

何ができる？ |「〜してない」「〜している？」と言える

進行形の否定文は、**be動詞**（am/are/is）**の後ろにnotを置く**だけ。

I'm watching YouTube. 私はYouTubeを見ています。

be動詞の後ろにnot

I'm not watching YouTube.

私はYouTubeを見ていません。

疑問文は**文のいちばん前にbe動詞を出す**だけです。

She's making tea. 彼女は紅茶を入れています。

be動詞をいちばん前へ

Is she making tea? 彼女は紅茶を入れているのですか？

なお、（×）Does she making tea? とdo/doesを使ったり、（×）Are you make tea?　のようにingを忘れたりしないようにしましょう。

疑問文の答え方は、Yes（はい）なら**<Yes, +主語（代名詞）+ am/are/is.>**、No（いいえ）なら**<No, +主語（代名詞）+ am/are/is not (isn't、aren't).>**になります。

また、pp. 082 〜 105で習った疑問詞は進行形でも使うことができます。疑問詞をいちばん前に置き、あとは疑問文の語順です。

What **are you doing?** あなたは何をしているのですか？

- I'm listening to music. 私は音楽を聞いています。

理解度チェック

以下を赤シートで隠し、1 ～ 3 は短縮形を使った否定文に、4、5 は疑問文にして答えも言ってください。6 は疑問詞 whatを使った疑問文に変えてみましょう。音声も確認し、まねして発音してください。

1. **I'm studying now.**
   I'm not studying now. (私は今勉強していません)

2. **She's cooking pasta.**
   She's not cooking pasta. (彼女はパスタを作っていません)

3. **We're using this room.**
   We're not using this room.
   (私たちはこの部屋を使っていません)

4. **I'm watching YouTube.**
   Are you watching YouTube?
   (あなたはYouTubeを見ているのですか?)
   Yes, I am. / No, I'm not. (はい／いいえ)

5. **She's having breakfast.**
   Is she having breakfast? (彼女は朝食を食べていますか?)
   Yes, she is. / No, she isn't. (はい／いいえ)

6. **Bob is listening to a podcast.**
   What is Bob listening to? (ボブは何を聞いていますか?)

6. listenは自動詞。listen to ~で「～を聞く」なので、最後の toを忘れずに。

さあ、クイックレスポンス！ 59

以下の日本語を素早く英語にしてください。

- [ ] **1.** 私はこのコピー機(copier)を使っていません。
- [ ] **2.** 私は泣いている(cry)のではありません。
- [ ] **3.** 私は気分がよく(feel well)ありません。
- [ ] **4.** その赤ちゃんは眠っているのですか？
- [ ] **5.** 彼らは今、仕事をしているところですか？　はい。／いいえ。
- [ ] **6.** 雨が降っているのですか？　はい。／いいえ。
- [ ] **7.** 楽しんでますか？（あなたは楽しい時を過ごしていますか？ と考えて）
- [ ] **8.** あなたは何か探して(look for something)いるのですか？
- [ ] **9.** 彼は誰か(someone)に携帯メールをしているのですか？
- [ ] **10.** 彼らは何をしているのですか？　会議をしています。

3. well は good でも意味は同じです。**5.** 短縮形には they're not と they aren't の2種類ありますが、自分が言いやすいほうを使って OK です。**7.** パーティーやイベントなどで「楽しんでますか?」と聞く表現。Are ↗

1回目 / 2回目 / 3回目 /

- [ ] **1.** I'm not using this copier.
- [ ] **2.** I'm not crying.
- [ ] **3.** I'm not feeling well.
- [ ] **4.** Is the baby sleeping?
- [ ] **5.** Are they working now? – Yes, they are. / No, they aren't.
- [ ] **6.** Is it raining? – Yes, it is. / No, it isn't.
- [ ] **7.** Are you having a good time?
- [ ] **8.** Are you looking for something?
- [ ] **9.** Is he texting someone?
- [ ] **10.** What are they doing? – They're having a meeting.

↗ you having fun?（楽しんでる？）も使えます。

Lesson 29

進行形の便利な使い方

何ができる？ | **一時的な状態などを表せる**

進行形は、始まりと終わりのある行為の最中で、一時的な状態を表します。その行為が進行していてまだ終わっていないという感覚から、次のような使い方もよく会話に登場します。

①一時的な状態

I'm living in Sendai. 私は仙台に住んでいます。

※I live in Sendai.だと「過去も、現在も、未来も住んでいる」ことを表すが、上のように進行形にすると一時的な意味が強まり「**一時的に住んでいる（つまり、引っ越す可能性がある）**」というニュアンスになる。

②だんだんそうなる変化

The rain is stopping.

雨が止みつつあります。

※動きや変化を感じる動詞は、進行形にすると、徐々にそうなっていくという変化の途中を表すことができる。上は「止み始め」から「止む」までの途中、つまり「**（雨は）止みつつある**」ことを表す。

③しつこい繰り返し

He is always playing video games.

彼はいつもゲームしてばかりいる。

※always（いつも）のような頻度を表す副詞と一緒に使うと、「**～してばかりいる**」という意味に。「いつ見ても～している最中」ということ。
この場合、多くは**不平や不満のニュアンスを含み**、話している人の気持ちが込められている。

理解度チェック

以下を赤シートで隠し、日本語に合うように空欄を埋めて読んでみましょう。音声も確認し、まねして発音してください。

1. 私は（ずっと）横浜に住んでいます。
I live in Yokohama.

2. 彼は、今は（一時的に）ロンドンに住んでいます。
He is living in London now.

3. 電車が東京駅に到着しつつあります。
The train is arriving at Tokyo station.

4. だんだん寒くなりつつあります。
It's getting cold.

5. 私の息子はいつもゲームしてばかりいます。
My son is always playing video games.

6. 彼はいつもネガティブなことばかり言っています。
He is always saying negative things.

2. 一時的な状態。比較的短い間ロンドンに住んでいることを表しています。**3.&4.** だんだんそうなる変化。get cold で「寒くなる」という意味です。「暖かくなる」なら get warm。**5.&6.** しつこい繰り返し。

さあ、クイックレスポンス！

以下の日本語を素早く英語にしてください。

□ **1.** 私は今、両親と住んでいます。

□ **2.** 彼女は今、ラジオを聴いています。

□ **3.** 彼は、今日はメガネをかけています。
wearing glasses

□ **4.** 私は具合が悪いです。
feeling sick

□ **5.** あなたは、今日はカッコいいです。
looking cool

□ **6.** 私たちは東京駅に到着しつつあります。

□ **7.** 私の植物が枯れつつあります。
plants　dying

□ **8.** 彼女は人気が出てきつつあります。
becoming popular

□ **9.** 私はお腹が空いてきました（きています）。

□ **10.** 彼はいつも大口をたたいてばかりいます。
talking big

1.～5.「一時的」なこと。**3** と **5** には「いつもはそうじゃないけど」というニュアンスがあります。**6.～9.**「変化」について。**10.**「しつこい繰り返し」。**1.** 今は両親と住んでいるがいずれ別居するニュアンス。**5.** look＋**形容詞**で「～に見える」。**7.** die（死ぬ、枯れる）の進行形 ↗

1回目 ／　2回目 ／　3回目 ／

□ **1.** **I'm living with my parents now.**

□ **2.** **She's listening to the radio now.**
（radio：レィディオ）

□ **3.** **He's wearing glasses today.**

□ **4.** **I'm feeling sick.**
（sick：スィック）

□ **5.** **You're looking cool today.**

□ **6.** **We're arriving at Tokyo station.**

□ **7.** **My plants are dying.**

□ **8.** **She's becoming popular.**

□ **9.** **I'm getting hungry.**

□ **10.** **He's always talking big.**

↗ は dying。つづり注意。**9.** I'm getting ~は「だんだん～になってきた」で、hungry の代わりに thirsty（のどがかわいた）、tired（疲れた）などいろいろ入れ替えられます。

シャッフル・クイックレスポンス④

Lesson 23 ～ 29 からランダムに 10 問、選び出しました。
以下の日本語を素早く英語にしてください。
※なるべく短縮形を使いましょう。

- [ ] **1.** 何か問題はありますか？
- [ ] **2.** あとで電話して。
- [ ] **3.** それについては心配しないで。
- [ ] **4.** 休憩しましょう。
- [ ] **5.** 私はスーパーに行くところです。
- [ ] **6.** 雨が激しく降っています。
- [ ] **7.** あなたは何か探しているのですか？
- [ ] **8.** 彼らは何をしているのですか？　会議をしています。
- [ ] **9.** 私は今、両親と住んでいます。
- [ ] **10.** 私はお腹が空いてきました（きています）。

1回目 ／ 2回目 ／ 3回目 ／

☐ **1. Do you have any problems?** (p. 117)

☐ **2. Call me later.** (p. 121)

☐ **3. Don't worry about that.** (p. 125)

☐ **4. Let's take a break.** (p. 125)

☐ **5. I'm going to the supermarket.** (p. 129)

☐ **6. It's raining hard.** (p. 129)

☐ **7. Are you looking for something?** (p. 133)

☐ **8. What are they doing? – They're having a meeting.** (p. 133)

☐ **9. I'm living with my parents now.** (p. 137)

☐ **10. I'm getting hungry.** (p. 137)

どうでしたか？　素早く英語に変換できましたか？
うまく変換できない苦手な文法があったら、
当該ページに戻って復習してください。

column_02

「〜しています」は現在形？ 現在進行形？

われわれ日本人はよく、「〜しています」は現在進行形と考えがちです。

「私は猫を飼っている」を（×）I'm having a cat. や、「私は彼女のお母さんを知っている」を（×）I'm knowing her mother. としてしまうことがあります。正しくは前者が I have a cat. 後者は I know her mother. です。

「状態」は現在形

上の（動詞の）場合の「〜している（います）」は、「**動作**」**ではなく**「**状態**」を表しています。「**状態**」**は、現在だけでなく、過去も、そして未来もそうである**ことを表します。「猫を飼っている」のは、今この一瞬だけではありませんよね？　こういうときは**英語では現在形を使います。**

「私はあなたのことを信じています」は I trust you.、「彼女はあなたのことを愛しています」なら She loves you. です。

では「あなたは彼の名前を覚えていますか？」は？　そう Do you remember his name? ですね。「覚えている」というのは、過去に得た情報を今もそしてこれからも自分の頭の中に保有している状態のことを表すので（×）Are you remembering ~? ではなく現在形の（○）Do you remember ~? になるわけです。

「動作の途中」は現在進行形

一方、現在進行形というのは、**ある動作の始まりと終わりがあって、今、その最中**ということを表しています。言い換えれば「**動作の途中**」ということなんです。「私は今ジョギングしています」ならI'm jogging now.ですし、「彼はレジでお金を払っています」ならHe's paying at the cashier.のように、今動作の途中でまだその動作が終わっていないことを意味します。

では次の日本語を英語にしてみてください。

①私は**毎日**牛乳を飲んでいます。
②私は**今、**牛乳を飲んでいます。

①がI drink milk every day.、②がI'm drinking milk now.です。①は毎日の習慣、普段のことを、②がたった今その動作の途中ということを表しています。

つまり、**毎日の習慣や普段のことなら現在形、たった今行っている動作なら現在進行形**を使うのです。

過去・現在・未来と続く「状態」、毎日の習慣、普段のことは現在形。「動作の途中」なら現在進行形です。「〜しています」という日本語にとらわれず、これらの点に気をつけると、現在形と現在進行形の混同は防げるはずです。

Lesson 30

be動詞の過去形

何ができる？ | 「AはBだった」と言える

「〜でした」「〜にいました」のように過去の状態を言いたいときは**be動詞の過去形**を使います。作り方はシンプルで、**be動詞を過去形にするだけ**です。

今　I am busy.　私は忙しいです。

amを過去形のwasに変える！

昨日　I was busy yesterday.

私は昨日忙しかったです。

amとisの過去形はどちらもwas、areはwereです。

He is angry. ➡ He was angry.（彼は怒っていました）

We are tired. ➡ We were tired.（私たちは疲れていました）

主語	過去形
I	was
He、She、It、Tom などの**3人称単数**	was
You	were
We、You、They などの**複数**	were

過去形の文は、yesterday（**昨日**）やlast night（**昨夜**）、last week（**先週**）、three days ago（**3日前**）、two months ago（**2カ月前**）など、過去を表す言葉と一緒に使われることが多いです。

過去形の否定文と疑問文の作り方は、現在形の文と同じです。

否定文　I was not / wasn't angry.（私は怒っていませんでした）

疑問文　Were you angry?（あなたは怒っていたのですか？）

理解度チェック

以下を赤シートで隠し、空欄に適切なbe動詞を入れて読んでみましょう。音声も確認し、まねして発音してください。

1. 私は、先週は忙しかったです。
   I was busy last week.

2. 彼らは気さくな人たちでした。
   They were friendly.

3. 昨夜は寒かったです。
   It was cold last night.

4. 彼女は日曜日に、家にいませんでした。
   She wasn't at home on Sunday.

5. このスナックはあまりおいしくなかったです。
   This snack wasn't very good.

6. あなたはそのとき、病気でしたか？
   Were you sick then?

7. そのときあなたはどこにいたのですか？
   Where were you at that time?

過去形は、現在とはつながりのない、過去の出来事を表しているので、I was busy.（私は忙しかった）だと、現在も忙しいかどうかまではわかりません。ただ、多くの場合は「現在はそうではない」というニュアンスを含みます。

さあ、クイックレスポンス！ 64

以下の日本語を素早く英語にしてください。

□ **1.** 私は本当に疲れていました。

□ **2.** 彼らは昨日会社にいました。

□ **3.** ヒロシはイケメンでした。
（イケメン：good-looking）

□ **4.** 昨日の夜は蒸し暑かったです。

□ **5.** このワインはあまりおいしくなかったです。

□ **6.** 今朝は電車が混んでいませんでした。

□ **7.** その書類はあなたの机の上にありませんでした。
（書類：documents）

□ **8.** あなたは先週、忙しかったのですか？
はい。／いいえ。

□ **9.** 彼女は高校の教師だったのですか？
はい。／いいえ。

□ **10.** それはフォーマルなパーティーでしたか？
はい。／いいえ。

6.&7. 過去形は、現在とはつながりのない、過去の出来事を表しているので、否定文だと、「そのときは～でなかった」ということになります。

1回目 ／　2回目 ／　3回目 ／

- [ ] **1.** I was really tired.
- [ ] **2.** They were at the office yesterday.
- [ ] **3.** Hiroshi was good-looking.
- [ ] **4.** It was hot and humid last night.
- [ ] **5.** This wine wasn't very good.
- [ ] **6.** The train wasn't crowded this morning.
- [ ] **7.** The documents weren't on your (オニョア) desk.
- [ ] **8.** Were you busy last week? – Yes, I was. / No, I wasn't.
- [ ] **9.** Was she a high school teacher? – Yes, she was. / No, she wasn't.
- [ ] **10.** Was it a formal party? – Yes, it was. / No, it wasn't.

Lesson 31

一般動詞の過去形

何ができる？ 「～した」「～していた」と言える

「～した」「～していた」と過去の動作や状態を言いたいときは一般動詞の過去形を使います。

一般動詞の過去形は、基本、**動詞に ed をつけるだけ**です。主語によって動詞の形が変わることはないので、現在形のように 3 単現の s を気にする必要はありません。

I play golf. 私はゴルフをします。 普段の話

動詞にedをつける!

I played golf yesterday.

私は昨日ゴルフをしました。

しかし、残念ながら、edをつけるだけでない動詞もあります。

① e で終わる語は、d だけ足す	liked、lived、used
② y を i に変えてから ed をつける	studied、tried
③ p を重ねてから ed を足す	stopped

また、英語が苦手になる原因の一つ、不規則に変化する動詞（不規則変化動詞）もあります（p. 164 参照）。そんなに数はないので、発音に注意して少しずつ覚えていきましょう。

go（行く）→ went	come（来る）→ came
make（作る）→ made	get（手に入れる）→ got
have（持っている）→ had	read（読む）→ read［ウレッド］
meet（会う）→ met	take（取る）→ took

理解度チェック

以下を赤シートで隠し、動詞を適切な形に変えて読んでみましょう。音声も確認し、まねして発音してください。

1. 私たちはコンサートを楽しみました。
We enjoy → enjoyed the concert.

2. 私の家族は秋田に住んでいました。
My family live → lived in Akita.

3. 私は先週、風邪を引いていました。
I have → had a cold last week.

4. 彼は２年前、東京に来ました。
He comes → came to Tokyo two years ago.

5. 私は先月５冊本を読みました。
I read → read five books last month.

6. 私は昨日、歯医者に行きました。
I go → went to the dentist yesterday.

3. have a coldは「風邪を引いている」状態を表します。「風邪を引いた」なら catch/get a cold（風邪を引く）の過去形で caught/got a coldになります。

さあ、クイックレスポンス！ 66

以下の日本語を素早く英語にしてください。

- [ ] **1.** 私はニューヨークでの滞在を楽しみました。
 my stay
- [ ] **2.** 私の家族は２年前は名古屋に住んでいました。
- [ ] **3.** 私は昨夜、熱がありました。
 had a fever
- [ ] **4.** 私はリサからメールをもらいました。
- [ ] **5.** 彼らは４年前、日本に来ました。
- [ ] **6.** 私はホワイトさんに歓迎パーティーで会いました。
- [ ] **7.** 彼女は猫の写真をたくさん撮りました。
- [ ] **8.** 私は今日、仕事でたくさんミスをしました。
 made mistakes
- [ ] **9.** 私たちは金曜日の夜、一杯飲みに行きました。
 went for a drink
- [ ] **10.** 彼は先週、眼科に行きました。
 the eye doctor

3.「頭痛がした」なら had a headache、「腹痛がした」なら had a stomachache。**6.** meet は初対面の相手に使います。知人・友人には see を使ってください。**8.** 日本語と同様、１日の終わりに言えば today は過 ↗

1回目 ／　2回目 ／　3回目 ／

- [ ] **1.** I enjoyed my stay in New York.
- [ ] **2.** My family lived in Nagoya two years ago.
- [ ] **3.** I had a fever last night.
- [ ] **4.** I got a mail from Lisa.
- [ ] **5.** They came to Japan four years ago.
- [ ] **6.** I met Mr. White at the welcome party.
- [ ] **7.** She took a lot of pictures of cats.
  (took a lot of：トゥッカララヴ)
- [ ] **8.** I made a lot of mistakes at work today.
- [ ] **9.** We went for a drink on Friday night.
- [ ] **10.** He went to the eye doctor last week.

↗ 去形の文で使えます。

Lesson 32

一般動詞の過去形の否定文

何ができる？ ｜「～しなかった」と言える

現在形の否定文は、主語に合わせてdon'tやdoesn'tを動詞の前に置くのでしたね。過去形の場合は、don't やdoesn'tの代わりに、**動詞の前にdid not（= didn't）を置き、動詞は過去形から原形に戻し**ます。主語が何であってもこの形になるので、３人称単数を気にする必要はありません。

She went to the gym. 彼女はジムに行きました。

did not(didn't)を入れる

She didn't go to the gym.

動詞は原形(go)

彼女はジムに行きませんでした。

didn'tの後ろの動詞には、主語が３人称・単数であっても、（×）She didn't goes to the gym. のようにs、-esはつけないので注意しましょう。

また、（×）She didn't went to the gym. とか、（×）I didn't played a video game yesterday. のように、動詞を原形に戻すのを忘れがちです。こちらも気をつけてください。

理解度チェック

以下を赤シートで隠し、空欄を適切な語で埋めて否定文に変えて言ってみましょう。音声も確認し、まねして発音してください。

1. We lived together.
   We didn't live together.
   (私たちは一緒に住んでいませんでした)

2. I saw him yesterday.
   I didn't see him yesterday.
   (私は昨日、彼に会いませんでした)

3. I needed your help.
   I didn't need your help.
   (私はあなたの手伝いはいりませんでした)

4. We had time for coffee.
   We didn't have time for coffee.
   (私たちはコーヒーを飲む時間がありませんでした)

5. Jack went to a jazz concert last night.
   Jack didn't go to a jazz concert last night.
   (ジャックは昨日の夜、ジャズのコンサートに行きませんでした)

4. have time for ~で「~（するため）の時間がある」という意味です。

さあ、クイックレスポンス！ 68

以下の日本語を素早く英語にしてください。

☐ **1.** 私は昨日の夜、その映画に行きませんでした。

☐ **2.** 私は、朝食を食べる時間がありませんでした。

☐ **3.** 彼女は数学（math）を勉強しませんでした。

☐ **4.** 私たちはそれを知りませんでした。

☐ **5.** 彼は私の助けを必要としませんでした。

☐ **6.** サムは６時に起きませんでした。

☐ **7.** 私は昨日、LINEで（on Line）彼女に連絡をし（contact）ませんでした。

☐ **8.** そのとき、私はまったくお金を持っていませんでした。

☐ **9.** 私たちはその会議に出（行き）ませんでした。

☐ **10.** 彼は高校では一生懸命勉強しませんでした。

1.「映画を見に行く」なら go (and) see the movie が使えます。andは省略可。**3.** math = mathematics。**4.** thatは初めて聞いた話題、すでに出た話題どちらにも使えますが、これを itにすると、すでに話題に出 ↗

1回目 ／ 2回目 ／ 3回目 ／

□ **1.** **I didn't go to the movie last night.**

□ **2.** **I didn't have time for breakfast.**

□ **3.** **She didn't study math.**

□ **4.** **We didn't know that.**

□ **5.** **He didn't need my help.**
（help：ヘゥプ）

□ **6.** **Sam didn't get up at 6(six).**

□ **7.** **I didn't contact her on Line yesterday.**

□ **8.** **I didn't have any money then.**

□ **9.** **We didn't go to the meeting.**

□ **10.** **He didn't study hard in high school.**

↗ たことになります。**8.** He had no money then.とも言えます。

Lesson 33

一般動詞の過去形の疑問文

何ができる？ |「～したか？」と聞ける

「～しましたか？」と過去の「動作」や「状態」を尋ねるには、**一般動詞の過去形**を使います。作り方は、**Didで始め、動詞は原形で、最後に？**マークをつけます。現在形と異なり、主語が何であってもすべてDidで始めればOKです。

Do you play golf?（あなたはゴルフをしますか?）

普段の話

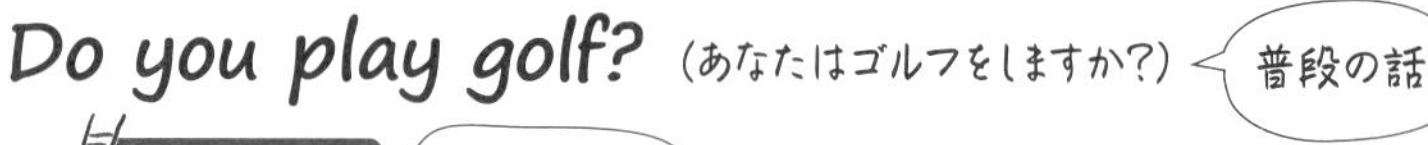

Did you play golf yesterday?

（あなたは昨日ゴルフをしましたか?）

答え方は、現在形のdoやdoesをdidにするだけです。Yes（はい）の場合は< Yes, +主語+ did. >。No（いいえ）の場合は< No, +主語+ did not/didn't. >

Did you have lunch? お昼を食べましたか?

– Yes, I did. はい、食べました。

– No, I didn't. いいえ、食べていません。

（×）Did you watched the news?とか、（×）Did he watches TV last night?といった間違いに気をつけてください。

理解度チェック

以下を赤シートで隠し、日本語を英語にしてみましょう。その質問に①はい、②いいえで答えてください。音声も確認し、まねして発音してください。

1. 彼らは朝食を食べましたか？
Did they have breakfast?
① **Yes, they did.**　② **No, they didn't.**

2. あなたはケンにメールしましたか？
Did you mail Ken?
① **Yes, I did.**　② **No, I didn't.**

3. 彼女はあなたのプレゼントを気に入りましたか？
Did she like your present?
① **Yes, she did.**　② **No, she didn't.**

4. あなたたちは何か注文しましたか？
Did you order something?
① **Yes, we did.**　② **No, we didn't.**

1. have は eat でも OK です。**2.** mail は動詞で「メールする」という意味です。Did you は「ディヂュ」のように発音します。**4.** something は「何か」という意味の代名詞。

さあ、クイックレスポンス！ 70

以下の日本語を素早く英語にしてください。

□ **1.** あなたはパーティーを楽しみましたか？

□ **2.** あなたは今朝、私に電話をしましたか？

□ **3.** あなたは先週、ジェーンに会いましたか？

□ **4.** あなたたちはビールを頼みましたか？

□ **5.** 彼は家に帰りましたか？

□ **6.** 彼女はあなたのことを知っていましたか？

□ **7.** あなたは昨日の晩、よく寝ましたか？
sleep well

□ **8.** 彼らは昨日、残業しましたか？
work overtime

□ **9.** ここでは去年、たくさん雨が降りましたか？

□ **10.** そのバスは時間通りに来ましたか？

4. ビールのびんをイメージしているので数えられる名詞の複数形になっています。**9.** 名詞の rain を使って、Did you have a lot of rain here last year? でもOKです。

1回目 ／ 2回目 ／ 3回目 ／

- [ ] **1. Did you enjoy the party?**
  (enjoy: インジョイ)
- [ ] **2. Did you call me this morning?**
- [ ] **3. Did you see Jane last week?**
- [ ] **4. Did you order beers?**
- [ ] **5. Did he go home?**
- [ ] **6. Did she know you?**
- [ ] **7. Did you sleep well last night?**
- [ ] **8. Did they work overtime yesterday?**
- [ ] **9. Did it rain a lot here last year?**
  (last year: ラァスチィャー)
- [ ] **10. Did the bus come on time?**

Lesson 34

疑問詞を使った過去形の疑問文

何ができる？ 「何を～したか？」などと聞ける

過去について「何だったのか？」「何を～したのか？」などと聞きたいときは、**疑問詞**（What、When、Where、Who、Howなど）**で始め、過去の形疑問文を続け**ます。

● be動詞の場合：疑問詞+was/were+主語…？

疑問詞で始める

What was that? あれは何でしたか？

– It was a black cat. それは黒猫でした。

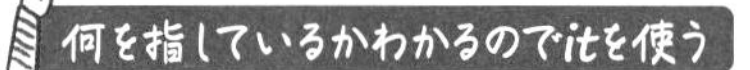

何を指しているかわかるのでitを使う

● 一般動詞の場合：疑問詞+didの疑問文？

疑問詞で始める

What did you do last weekend?
先週末は何をしましたか？

– I watched a movie on my tablet.
私はタブレットで映画を見ました。

答えは、上記のように、過去形の文で答えます。疑問詞で始まる疑問文には Yes/No**では答えられない**ので、具体的な内容を答えます。

理解度チェック

以下を赤シートで隠し、日本語に合うように空欄を埋めて読んでみましょう。音声も確認し、まねして発音してください。

1. あなたとユウコはどこにいましたか？

Where were you and Yuko?

私たちはショッピングモールの中にいました。

We were in the shopping mall.

2. 週末はどうでしたか？　まあまあでした。

How was your weekend? – It was OK.

3. あなたはいつ彼女に会いましたか？

When did you meet her?

私は2日前に彼女に会いました。

I met her two days ago.

4. あなたは今朝何時に起きましたか？

What time did you get up this morning?

私は7時ごろに起きました。

I got up at around 7(seven).

2. How was ~?（～はどうでしたか?）は～を入れ替えていろいろ使える表現。How was your flight?（フライトはどうでしたか?）。「まあまあだった」の定番表現は、It was OK/alright.。

さあ、クイックレスポンス！

72

以下の日本語を素早く英語にしてください。

□ **1.** 彼は昨日の夜、どこにいたのですか？

□ **2.** あなたはいつ長野に行ったのですか？　先月そこに行きました。

□ **3.** ローマの滞在はどうでしたか？
（滞在：your stay）

□ **4.** 彼女は猫を何匹飼っていましたか？

□ **5.** 誰が夕食を作ったのですか？　マサキです。

□ **6.** なぜ彼はそんなに遅れたのですか？
（なぜ：Why　そんなに：so）

□ **7.** あなたは何時にここに着いたのですか？
（着い：get）

□ **8.** あなたは大学で何を学びましたか？

□ **9.** 彼女はどんな感じの人でしたか？
（どんな感じ：What ~ like）

□ **10.** あなたは何回転職したのですか？

3. stayは名詞で「滞在」。**5.** madeはcookでもOK。なお、Whoが主語になる疑問文はdidが必要ありません。返答は、~ **did.**（～です）となります。このdidはmadeの代わり。**7.** hereは副詞なのでget ↗

1回目 / 2回目 / 3回目 /

- [ ] **1. Where was he last night?**
- [ ] **2. When did you go to Nagano? – I went there last month.**
- [ ] **3. How was your stay in Rome?** (Rome: ロゥム)
- [ ] **4. How many cats did she have?**
- [ ] **5. Who made dinner? – Masaki did.** (made dinner: メイ_ディナー)
- [ ] **6. Why was he so late?**
- [ ] **7. What time did you get here?**
- [ ] **8. What did you study at university?**
- [ ] **9. What was she like?**
- [ ] **10. How many times did you change jobs?**

↗ hereで「～に到着する」に。 **9.** What was ~ likeで「～はどんな感じでしたか?」の意。このlikeは「～のような」という前置詞です。 **10.** 転職は複数なのでjobsとします。

シャッフル・クイックレスポンス⑤

73

Lesson 30 ～ 34 からランダムに 10 文、選び出しました。
以下の日本語を素早く英語にしてください。

- □ **1.** 昨日の夜は蒸し暑かったです。
- □ **2.** 今朝は電車が混んでいませんでした。
- □ **3.** あなたは先週、忙しかったのですか？　はい。／いいえ。
- □ **4.** 私は昨夜、熱がありました。
- □ **5.** 私はホワイトさんに歓迎パーティーで会いました。
- □ **6.** 彼は私の助けを必要としませんでした。
- □ **7.** 彼は家に帰りましたか？
- □ **8.** 彼らは昨日、残業しましたか？
- □ **9.** ローマの滞在はどうでしたか？
- □ **10.** あなたはいつ長野に行ったのですか？　先月そこに行きました。

1回目 ／ 2回目 ／ 3回目 ／

- [ ] **1. It was hot and humid last night.** (p. 145)
- [ ] **2. The train wasn't crowded this morning.** (p. 145)
- [ ] **3. Were you busy last week? – Yes, I was./ No, I wasn't.** (p. 145)
- [ ] **4. I had a fever last night.** (p. 149)
- [ ] **5. I met Mr. White at the welcome party.** (p. 149)
- [ ] **6. He didn't need my help.** (p. 153)
- [ ] **7. Did he go home?** (p. 157)
- [ ] **8. Did they work overtime yesterday?** (p. 157)
- [ ] **9. How was your stay in Rome?** (p. 161)
- [ ] **10. When did you go to Nagano? – I went there last month.** (p. 161)

どうでしたか？　素早く英語に変換できましたか？
うまく変換できない苦手な文法があったら、
当該ページに戻って復習してください。

① 不規則な変化をする動詞一覧

間違いやすい発音にカタカナでヒントをつけています。

原形	意味	3単現	過去形	ing形
be	（イコール）	is	was, were	being
become	～になる	becomes	became	becoming
begin	始める	begins（ズ）	began	beginning
break	壊す	breaks	broke	breaking
bring	持ってくる	brings（ズ）	brought	bringing
build	建てる	builds（ツ）	built	building
buy	買う	buys	bought	buying
carry	運ぶ	carries（イズ）	carried	carrying
catch	つかまえる	catches（イズ）	caught（カァート）	catching
choose	選ぶ	chooses（イズ）	chose（チョウズ）	choosing
come	来る	comes	came	coming
cry	泣く	cries	cried	crying
cut	切る	cuts（ツ）	cut	cutting
die	死ぬ	dies	died	dying
do	する	does	did	doing
draw	描く	draws	drew	drawing
drink	飲む	drinks	drank	drinking

発音注意ポイント

・３単現の s

hopes、breaksなどは s を「ス」、catches、choosesなどは es を「ィズ」、builds、findsなどの ds を「ヅ」、getsは ts を「ツ」と発音する。

・過去形の ed

hoped、finishedは「トゥ」と発音する。いずれも弱い音になる。

原形	意味	３単現	過去形	ing形
drive	運転する	drives	drove	driving
eat	食べる	eats	ate (エイト)	eating
fall	落ちる	falls	fell	falling
feel	感じる	feels	felt	feeling
find	見つける	finds (ヅ)	found	finding
finish	終える	finishes	finished (トゥ)	finishing
fly	飛ぶ	flies	flew	flying
forget	忘れる	forgets	forgot	forgetting
get	手に入れる	gets	got	getting
give	与える	gives	gave	giving
go	行く	goes	went	going
grow	成長する	grows	grew	growing
have	持っている	has	had	having
hear	聞こえる	hears	heard	hearing
hit	打つ	hits	hit	hitting
hold	持つ、催す	holds (ヅ)	held	holding
hope	望む	hopes	hoped (トゥ)	hoping

原形	意味	3単現	過去形	ing形
hurry	急ぐ	hurries	hurried	hurrying
keep	保つ	keeps	kept	keeping
know	知っている	knows	knew	knowing
leave	去る、出発する	leaves	left	leaving
lose	失う、負ける	loses	lost	losing
make	作る	makes	made	making
mean	意味する	means	meant (メント)	meaning
meet	会う	meets	met	meeting
miss	のがす	misses	missed	missing
plan	計画する	plans	planned	planning
put	置く	puts	put	putting
read	読む	reads	read (レッド)	reading
run	走る	runs	ran	running
save	救う	saves	saved	saving
say	言う	says (セッズ)	said	saying
see	見る	sees	saw	seeing
sell	売る	sells	sold	selling
send	送る	sends	sent	sending
sing	歌う	sings	sang	singing
sit	座る	sits	sat	sitting

原形	意味	3単現	過去形	ing形
sleep	眠る	sleeps	slept	sleeping
speak	話す	speaks	spoke	speaking
spend	過ごす	spends	spent	spending
stand	立つ	stands	stood	standing
stop	止める	stops	stopped	stopping
study	勉強する	studies	studied	studying
swim	泳ぐ	swims	swam	swimming
take	取る	takes	took	taking
teach	教える	teaches	taught	teaching
tell	伝える、言う	tells	told	telling
think	思う、考える	thinks	thought	thinking
touch	さわる	touches	touched	touching
try	やってみる	tries	tried	trying
understand	理解する	understands	understood	understanding
wash	洗う	washes	washed	washing
watch	見る	watches	watched	watching
wear	着ている	wears	wore	wearing
win	勝つ	wins	won	winning
wish	願う	wishes	wished	wishing
worry	心配する	worries	worried	worrying
write	書く	writes	wrote	writing

②数の読み方

数字	
1	one
2	two
3	three
4	four
5	five
6	six
7	seven
8	eight
9	nine
10	ten
11	eleven
12	twelve
13	thirteen
14	fourteen
15	fifteen
16	sixteen
17	seventeen
18	eighteen
19	nineteen
20	twenty
21	twenty-one
30	thirty
40	forty
50	fifty
60	sixty
70	seventy
80	eighty
90	ninety
100	one hundred
1,000	one thousand
10,000	ten thousand
100,000	one hundred thousand
1,000,000	one million

序数（日付にも使う）	
1番目	first
2番目	second
3番目	third
4番目	fourth
5番目	fifth フィフス
6番目	sixth
7番目	seventh
8番目	eighth
9番目	ninth
10番目	tenth
11番目	eleventh
12番目	twelfth
13番目	thirteenth
14番目	fourteenth
15番目	fifteenth
16番目	sixteenth
17番目	seventeenth
18番目	eighteenth
19番目	nineteenth
20番目	twentieth トゥエンティエス
21番目	twenty-first
30番目	thirtieth
31番目	thirty-first
40番目	fortieth
50番目	fiftieth
60番目	sixtieth
70番目	seventieth
80番目	eightieth
90番目	ninetieth
100番目	one hundredth

45 ➡ forty-five　103 ➡ one hundred (and) three
3,569 ➡ three thousand five hundred sixty-nine
※千以上の数字は「,」カンマで区切って読みます。

【金額】

1,500 円 ➡ one thousand five hundred/fifteen hundred yen
50,000 円税込／税別 ➡ fifty thousand yen with/without tax
8 ドル 50 セント（$8.50）➡ eight dollars fifty cents

③曜日、月、時刻

曜日	
日曜日	Sunday
月曜日	Monday
火曜日	Tuesday
水曜日	Wednesday
木曜日	Thursday
金曜日	Friday
土曜日	Saturday

月	
1月	January
2月	February フェブゥアリィ
3月	March
4月	April
5月	May
6月	June
7月	July
8月	August
9月	September
10 月	October
11 月	November
12 月	December

【月日、曜日】

1 月 9 日日曜日 ➡ January nineth, Sunday
12 月 25 日水曜日 ➡ December twenty-fifth, Wednesday
2021 年 10 月 31 日 ➡ October thirty-first, twenty twenty-one

【時刻】

8 時 ➡ eight (o'clock)　9 時半 ➡ nine thirty
午前／午後 10 時 23 分 ➡ ten twenty-three A.M./P.M.

④不可算名詞の数え方

コップ1杯の水／ジュース／ワイン	**a glass of** water/juice/wine
1杯のコーヒー／紅茶	**a cup of** coffee/tea
1切れのケーキ／パイ	**a piece of** cake/pie
1枚のパン／チーズ／スイカ	**a slice of** bread/cheese/watermelon
1斤のパン	**a loaf of** bread
1本のワイン／水	**a bottle of** wine/water
1杯のご飯／シリアル／スープ	**a bowl of** rice/cereal/soup
1グラムの砂糖／塩／コショウ	**a gram of** sugar/salt/pepper
スプーン1杯の砂糖／塩／オリーブオイル	**a spoonful of** sugar/salt/olive oil
コップ2杯の水／ジュース／ワイン	**two glasses of** water/juice/wine
スプーン3杯の砂糖／塩／オリーブオイル	**three spoonfuls of** sugar/salt/olive oil

a loaf of bread

a slice of bread

⑤これだけ！ あいさつとあいづち表現

これだけは覚えておきたい、覚えておけばなんとかなるという、
会話で必要になるあいさつ表現とあいづち表現を場面別に、
会話形式で厳選しました。
名前は自分や知り合いのものに替えて言ってみましょう。

【あいさつ】

〈カジュアル、普通の場面〉

あいさつ① 友人、同僚と。少しカジュアル

78

A: Hi.
B: Oh, hi. How are you doing?
A: I'm good. How are you?
B: I'm pretty well, thank you.

A：こんにちは。
B：ああ、こんにちは。
元気ですか？
A：元気ですよ。あなたはどうですか？
B：とても元気です、ありがとう。

普段のあいさつでは Hi. がいちばん使われます。Hello. はフォーマルな場面向き。電話の「もしもし」としては使いますが。How are you doing? は How's it going? でも OK。How are you? は少し堅く響きますが、使ってもまったく問題ありません。

あいさつ② 友人、同僚と。かなりカジュアル

79

A: Hey, what's up?
B: Not much.
A: Are you busy these days?
B: Well, actually, I'm a little busy this week. How about you?

A：やあ、どう？
B：特には。
A：最近は忙しいの？
B：う～ん、実は今週は
ちょっと忙しいんだ。
そっちは？

親しい友人同士なら Hey. という声がけで始めることもあります。What's up? は親しい間柄で使いましょう。返事は Not/Nothing much. のように返すことが多いです。同じ What's up? で返しても OK。How about you? も相手の言葉をうながす便利な表現です。

あいさつ③　去り際、会話を切り上げる

A: Oh, I have to go now.
B: OK. Can you text me?
A: Sure. See you.
B: Bye.

A：あっ、
　もう行かなきゃ。
B：OK。メールしてくれる？
A：もちろん。じゃあ。
B：じゃあね。

> 去り際の「じゃあ、じゃあね」にあたるのが、See you. や Take care. などです。Bye. は1回だけ言います。通常は、日本語のように「バイバイ」と繰り返しません。have to ~ は「～しなければならない」という意味(『中 2』で取り上げています)。

〈フォーマル、ビジネスの場面〉

あいさつ④　ビジネス相手、会社の上司とややフォーマル

81

A: Good morning, Mr. Brown.
B: Good morning, Yumi.
A: Oh, I like your jacket.
B: Thank you. I bought it in London a few years ago.

A：おはようございます、
　ブラウンさん。
B：おはようございます、
　ユミさん。
A：あっ、そのジャケット
　いいですね。
B：ありがとう。数年前に
　ロンドンで買ったんですよ。

> 朝なら Good morning. を使いますが、お昼以降は、Hi. で OK。英語では、相手の名前を入れるのが普通です。親しみが込められるのでお勧めです。

あいさつ⑤　初対面

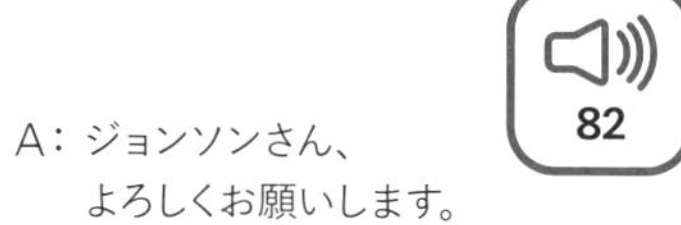

A: It's nice to meet you, Mr. Johnson.
B: It's nice to meet you, too, Ms. Sato.
A: I was looking forward to meeting you.
B: Me, too.

A：ジョンソンさん、よろしくお願いします。
B：こちらこそ、よろしくお願いします、佐藤さん。
A：お会いできるのを楽しみにしていました。
B：私もです。

It's nice to meet you. はフォーマルな場面。It's を省略して Nice to meet you. にするとカジュアルになります。look forward to ~で「～を楽しみにする」。その過去進行形（『中2』の最初で取り上げます）です。

【あいづち】

〈カジュアル、普通の場面〉

あいづち①　友人同士。少しカジュアル

A: That was a great movie.
B: Yeah.
A: It was three hours,
but it didn't feel long.
B: Absolutely.

A：いい映画だったね。
B：そうだね。
A：3 時間だったけど、
長くは感じなかったね。
B：まったく。

あいづちは、あまり繰り返すと嫌味になる可能性があります。適度にはさむようにしましょう。うなずくだけでも話を聞いていることは伝わります。Absolutely. は Exactly. でも OK です。

あいづち②　友人同士、知人同士。普通

84

A: You know what?
B: What?
A: Coffee is good for your health.
B: Oh, is it? That's great.
I'm a coffee lover.

A：知ってる？
B：何を？
A：コーヒーは健康に
いいんだよ。
B：え、そうなの？
それはいいね。
僕はコーヒー大好きなんだ。

You know what? は、「ねえ、ちょっと聞いて」と話しかけるときのフレーズです。こう言われたら What? と返すのがセオリー。相手の言葉を受けて「そうなの？　そうなんですか？」と返すには、Is it ? のように疑問文の頭だけを使うやり方もあります。一般動詞なら、Does it? とか Did he? などになります。「いいね。いいですね」の That's good/great. もよく使われます。

〈ビジネスの場面〉

あいづち③　同僚と、ややカジュアル

A: They cancelled today's meeting.
B: Oh, really?
A: Mr. White caught a cold.
B: I see. I feel sorry for him.

A：彼らは今日の会議をキャンセルしてきたよ。
B：えっ、そうなんですか？
A：ホワイトさんが風邪をひいてしまったんだ。
B：そうですか。それはお気の毒に。

Really? は相手のことを疑っているニュアンスがあるので、連発するのは避けましょう。Oh をつけると表現がやわらかくなります。Oh, did they? とも言い換えられます。

高橋基治（たかはし もとはる）

東洋英和女学院大学教授。専門は英語教育。国連英検アドバイザーを務める。著書は、シリーズ22万部以上のベストセラー『マンガでおさらい中学英語』（共著、KADOKAWA）のほか、『あなたは英語の形容詞と副詞の違いが説明できますか？』（プラグインアーツパブリッシング）、『ヒット曲で楽しく学ぶ英語』（共著、学研プラス）、『ビッグデータ英会話』（西東社）、『2行でこころが伝わる英会話』（デルタプラス）など多数。

中1英語をおさらいして話せるようになる本

発行日　2021年12月15日（初版）

著者　高橋基治

編集　株式会社アルク出版編集部
編集協力　杉本香七
英文校正　Peter Branscombe
ブックデザイン　長尾和美（Ampersand Inc.）
イラスト　長尾和美
ナレーション　Bill Sullivan ／ Julia Yermakov ／水月優希

録音・編集　一般社団法人 英語教育協議会（ELEC）
DTP　朝日メディアインターナショナル株式会社
印刷・製本　シナノ印刷株式会社

発行者　天野智之
発行所　株式会社アルク
〒102-0073 東京都千代田区九段北 4-2-6 市ヶ谷ビル
Website：https: //www.alc.co.jp/

落丁本、乱丁本は弊社にてお取り換えいたしております。
Web お問い合わせフォームにてご連絡ください。
https://www.alc.co.jp/inquiry/

ご購入いただいた書籍の最新サポート情報は、
以下の「製品サポート」ページでご提供いたします。
製品サポート :https://www.alc.co.jp/usersupport/

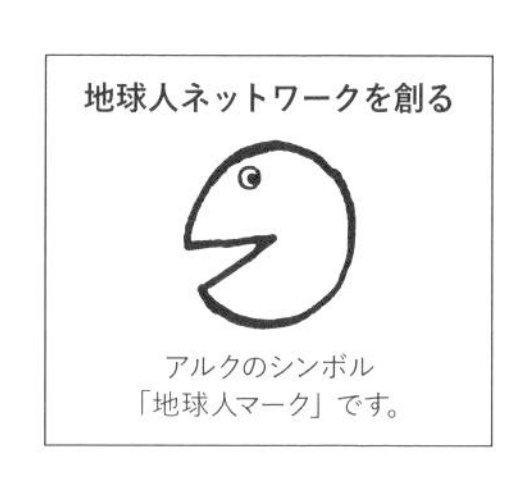

PC：7021060　ISBN：978-4-7574-3904-7